マッキンゼー流
入社1年目問題解決の教科書

麦肯锡工作法
个人竞争力提升50%的7堂课

[日] 大岛祥誉 /著 王柏静 /译

中信出版集团 | 北京

图书在版编目(CIP)数据

麦肯锡工作法：个人竞争力提升50%的7堂课/(日)大岛祥誉著；王柏静译.—北京：中信出版社，2014.5（2025.2重印）
书名原文：マッキンゼー流　入社1年目問題解決の教科書
ISBN 978-7-5086-4469-1
I. ①麦⋯　II. ①大⋯　②王⋯　III. ①企业管理－职工培训－经验－美国　IV. ①F279.712.3
中国版本图书馆CIP数据核字（2014）第049273号

MACKINSEY-RYU NYUSHA ICHINENME MONDAI KAIKETSU NO KYOKASHO
By SACHIYO OSHIMA
Copyright © 2013 SACHIYO OSHIMA
Original Japanese edition published by SB Creative Corp.
All rights reserved.
Chinese (in Simplified character only) translation copyright © 2014 by China CITIC Press
Chinese (in Simplified character only) translation rights arranged with SB Creative Corp.
through Bardon-Chinese Media Agency, Taipei.
本书仅限中国大陆地区发行销售

麦肯锡工作法——个人竞争力提升50%的7堂课

著　　者：[日]大岛祥誉
译　　者：王柏静
策划推广：中信出版社（China CITIC Press）
出版发行：中信出版集团股份有限公司
　　　　　（北京市朝阳区东三环北路27号嘉铭中心　邮编　100020）
　　　　　（CITIC Publishing Group）
承　印　者：嘉业印刷（天津）有限公司

开　　本：880mm×1230mm　1/32　　印　张：6　　字　数：83千字
版　　次：2014年5月第1版　　　　　印　次：2025年2月第39次印刷
京权图字：01-2013-7634
书　　号：ISBN 978-7-5086-4469-1/F·3157
定　　价：32.00元

版权所有·侵权必究
凡购本社图书，如有缺页、倒页、脱页，由发行公司负责退换。
服务热线：010-84849555　　服务传真：010-84849000
投稿邮箱：author@citicpub.com

前　言　一生受用的麦肯锡工作法 / Ⅶ

第1课　麦肯锡的专业作风

客户第一主义 / 003
任何时候都积极应对 / 006
专业人士应该"尽善尽美地工作" / 008
修行僧与艺术家 / 010
何谓"麦肯锡人"？ / 013
重视外表 / 015
勿将"调查"当工作 / 019
成为独一无二的行家 / 023
不要只解决眼前的问题 / 025

第2课　麦肯锡式解决问题的基本步骤

什么是"解决问题"？／031
解决问题的基本步骤／035
解决问题时必须注意的要点／046

特别讲　麦肯锡式分析框架的入门工具包

脑中存有框架／055
希望把握整体流程中的重要因素时，采用商业体系／057
希望探讨市场战略的基本面时，采用"3C"框架／060
希望重新评估组织时，采用"7S"框架／062
不知道该如何选择时，采用"位置矩阵"／065
希望寻求解决问题的真正方法时，采用"逻辑树"框架／068

第3课　麦肯锡式处理信息的技巧

调查要基于原始材料／073
性感地运用信息／078
风来时，做木桶的人将如何？／081

目录

第4课 麦肯锡式提高解决问题能力的思考方法

不要只从硬币的正反面考虑问题 / 087
决不放弃的定力 / 088
使五感更敏锐 / 089
边放松边集中 / 092
框架型的思考方法 / 094
超越自己的框架 / 096
区分事实与意见 / 100
从疑问出发 / 102
疑问的核心是什么？ / 104
有助于抓住疑问核心的好问题 / 105
对是否真实发出疑问 / 107
勿忘全局 / 110
试试"电梯测试" / 113

第5课 麦肯锡式提高自身能力的方法

发挥自己的存在价值 / 117
审视自己的外表与内在 / 121
携带简单的工具 / 124
拥有榜样 / 126
不做评判 / 129
每月与前辈吃一顿午餐，而非晚餐 / 131

第6课　麦肯锡式创造成果的能力

在限定时间内取得成果 / 135

即便无法喜欢他，也可以与之产生共鸣、实现共享 / 137

在领导询问之前汇报 / 138

彰显自己存在感的方法 / 141

摆脱"应当论"的束缚 / 143

不要一个人完成所有的工作 / 145

设计工作 / 147

运用"原本模式" / 148

设计会议 / 150

使用"我们"，而非"我" / 153

提出有效的质疑 / 155

第7课　麦肯锡式演示的技巧

演示所需的三要素 / 161

不要一开始就使用幻灯片 / 163

巧用金字塔结构 / 165

传达空·雨·伞的逻辑 / 168

让信息结晶 / 170

一张图表，一条信息 / 172

结语 / 175

前言

マッキンゼー流 入社一年目問題解決の教科書

一生受用的麦肯锡工作法

平均 3~5 年——这个数字是人们煞有介事地对被誉为"全球最牛咨询公司"的麦肯锡职员的平均任职年数进行私下探讨的结果。这些离职人员被称为麦肯锡的"毕业生",我也是他们中的一员。

诸位也许会大吃一惊:"这么短啊?!"然而事实上,在麦肯锡工作 3~5 年后再离开的人当中,自立门户或从事各类企事业公司经营管理的大有人在。

一般来说,在公司工作 3~5 年的员工,也就刚刚在部门中获得自己的职位头衔,成为新员工的优秀前辈,每天努力完成业务。

这种时候，也许只有极其出类拔萃的人方能独立创业或进入管理层获得职业发展。

然而，为什么麦肯锡的"毕业生"能够在如此短的时间内于各个领域大展身手？

实际上，秘密之一便是他们从麦肯锡（尤其是日本分公司）创立的"新人培训计划"中习得的工作法。

这并非只是简单的新人培训。

培训结束之后，新人直接进入咨询业务的第一线，开始着手解决众多课题，磨炼独自寻找答案的技巧，在实际工作中，运用这种技能，逐步掌握必需的技术、能力、知识、态度及价值观等，领会麦肯锡的工作法。

正因如此，他们行至世界上任何一个地方，都可以凭借高超的工作能力，赢得"麦肯锡的'毕业生'真的很了不起"的称赞。

接下来我通过本书为诸位解答以下疑惑：通过麦肯锡的新人培训，员工可以达成什么目标，他们又是怎么做到的？同时希望诸位掌握足以受用一生的麦肯锡工作法。

这是我在身为一名麦肯锡新人的时候，从上司、前辈和同事身上学到的，也是在公司环境中培养出来的解决问题的思考方式和技巧。诸位今后也可以掌握并以此获得个人成就。

不要将这些技巧当作知识，要将它们当作自己的"武器"。这就是关键所在。提起麦肯锡，很多人都对其问题解决技巧或逻辑思维等技术性的要素赞不绝口，但仅凭此并不足以使你胜任在第一线解决问题的工作。

除了技术性的要素，一个人的人格魅力、工作态度以及思考方式等都与麦肯锡工作法息息相关。我希望诸位在阅读本书时，牢牢记住这一点。

我作为麦肯锡的"毕业生"，虽然现在能侃侃而谈，但在刚进入公司的时候，也完全没有解决问题或咨询工作的经验，参加新人培训的时候亲眼见识了高手达人的本领，当时只有一个感觉："太能干了！"

或许，诸位会疑惑，"麦肯锡的工作法哪点厉害啦？""自己也能够运用吗？"我当时也有同样的疑惑。

尽管如此，无论身处何种场合，我都可以开辟解决问题的途径，取得工作成果，这确实得益于有血有肉、卓有成效的麦肯锡新人培训计划。

体验麦肯锡式的思考方式

即便如此,麦肯锡式问题解决技巧到底是什么?有些人也许对此完全没有概念。所以,我想先请大家体验一下问题解决技巧的前提——麦肯锡式的思考方式。

这里有两条信息:

"新商品的销售情况良好"

"新商品的销售情况不佳"

那么在这两条信息中,哪一条更重要呢?

如果大家在查阅自己公司新商品销售情况数据的时候,只能发出"哇,销售情况很好啊"或"唉,销售情况不好啊"等感慨的话,那就不妙了。

事实上,尽管这两条信息看上去相当重要,但其实并非如此。

新商品的销售情况取决于所谓的"主要原因"。在了解主要原因之后,还需要考虑对策。

或许是"销售情况良好→主要原因是获得了超出预期的更多

年龄层的欢迎→应当考虑增加产量″，或许是″销售情况不佳→主要原因是对中年人群的认知度过低→需要加以改进、迎合中年人的喜好″。

在确定主要原因和对策后，我们应该采取什么样的具体行动？

这就是麦肯锡员工在工作一年后，经培养而成的思考方式。

换言之，对于前景未明的状况与没有正确答案的问题，关键是确定″在了解了各种事实与信息之后，自己应该怎样做″（即具体方案），仅仅收集信息是无济于事的。

麦肯锡公司的工作就是解决世界上其他公司或团体″谁也不知道正确答案″的问题。

即便是问题，其本质也千差万别，既有完全不知道答案的问题，也有答案过多以至于不清楚哪一个才是真正正确答案的问题。

或者，由于情况过于复杂，连真正的问题所在都难以断定的事例也并不罕见。

即便接到″搞清日本经济复苏的药方是什么″这样的委托，也不会回复″我不知道″——这就是麦肯锡的风格。

对于任何问题，麦肯锡一定都会耐心地调查分析，锁定真正的问题所在，推导出解决方案。客户不禁感叹："还有这样的方法啊！"

另外，麦肯锡没有一般企业所谓的"事业部"。

麦肯锡将全球各地的分部视为一个没有分界线的机构"One Firm"（同一家公司）。这种运营方式被称为"One Firm方针"。

在麦肯锡总部及全球各分部，所有在职员工都肩负"为客户服务"的共同使命，要为客户创造相同的价值。

因此，即便是进入公司第一年的新员工，公司也要求他们除了了解自己负责的客户以外，还需进一步了解客户的行业及业务内容。

当然，麦肯锡并不会要求公司的新员工在客户面前做演示，那么这些员工需要做什么呢？比如汽车行业，他们需要对客户新开发的业务及与汽车行业相关的70~80份文件包进行分析，对该行业的未来前景加以描绘，做好充分的准备。

当然，仅仅从各处搜罗数据也是无用功，结果只能是客户半开玩笑地将材料退回来："这有什么用呢？"

正如本书开头提到的，只有准备好"在了解了各种事实与信息之后，自己应该怎样做"等分析结果时，才可能收到客户的"谢谢"。

入职第一年的新人要做这种工作？

有人大概觉得难以置信。事实上，尽管这确实过于苛刻，但是令人不可思议的是，麦肯锡公司的内部氛围就是"残酷是理所当然的""只好努力"。

正如军队里的新兵训练营一样，麦肯锡的新人培训计划也可以说是针对新员工的基础训练，通过这样的培训，使新员工获得全面的麦肯锡式解决问题的技巧。

"没有这种培训，就没有现在的我"，绝非言过其实。

无论怎样，我加入麦肯锡可谓偶然，当时我对麦肯锡的认识便是："虽然不太了解，但这里到处都是牛人。"

找工作的时候，我希望从事与媒体相关的工作。当时，我偶然在电视上看到了大前研一先生（麦肯锡亚洲太平洋地区原董事长）参与的谈话节目，被他的魄力深深吸引。

"从今往后，是大脑的时代，也就是知识与想法创造价值的时代。"

听到这句话，我目瞪口呆。

麦肯锡工作法
マッキンゼー流
入社1年目問題解決の教科書

　　彼时，"业务框架"这个词还尚未通用。我直觉判断，分析、加工信息并从中创造新的价值这一工作足以振奋人心。

　　我觉得自己是那种过于依赖直觉、逻辑思维不缜密的人。

　　自己现在可以有幸担任咨询师和高管培训师，确实归功于麦肯锡的培训与工作实践，我不得不再次表达自己的感激之情。

　　同时我也认为，实际上，进入麦肯锡第一年的员工所磨炼出的解决问题的技巧，并非只有麦肯锡的新人可以运用，它应该可以成为更多商务人士的"秘密工具"。

　　迄今为止我在职业生涯中遇到过这样那样的困难，正是借助了进入麦肯锡第一年内磨炼出的问题解决技巧或工作法，才成功地跨越了各个难关。

　　不仅能有意识地运用这些方法，而且还能自然地使它们成为了自身本领的一部分，就像使用"哆啦A梦"的百宝箱，随时完成当时最需要的逻辑思考或本质分析，继而推导出解决方案。

　　我希望阅读此书的人能够自己寻找解决问题的答案，而不是仅仅停留在逻辑思考、本质分析或者对别人进行说教的层面。

　　为此，我就从麦肯锡的新人培训开始讲起吧。

マッキンゼー流
入社1年目問題解決の教科書

第1课
麦肯锡的专业作风

客户第一主义

新人培训计划一开始便向新员工讲授麦肯锡式正规的工作法。

首先，一边分析案例，一边展开讨论，将逻辑思考、框架分析、资料制作、图表绘制等方法一并传授给他们。这有点类似于工商管理课程的精简版。

如此一来，在传授技能的同时，也培养了他们麦肯锡式的专业作风。

"问题驱动"（issue driver）这一著名的问题解决方式自然不必说，在工作时思考的首要前提也包含在培训内容之中。

比如，客户第一主义（client interest first）。

单是如此，确实不足为奇。不过，新人培训传递给员工这样一种观念：在麦肯锡，客户第一主义的内涵非比寻常。

举例来说，不能仅仅因为从客户经理那里听说客户面临了某种状况，就说"我深感为难"，而是要亲临现场，设身处地地感受这种困境。

包含这种行事态度在内的客户第一主义，才是麦肯锡的作风。

我的一位前辈大学毕业后，进入麦肯锡工作，担任调查专员，他的上司大前研一先生对他说："你就先去现场吧。"

这并非是让他去客户的办公室，而是去那位客户的用户所在的现场。

在某个运输机械的项目中，大前先生命令他去了解使用运输机械的人的日常生活以及工作想法。

之后他请求客户，允许他密切接触运输机械的使用者，询问包括每天的业务、职场人际关系、家庭与人生在内的许多只有在现场才能了解的问题。

这是咨询过程中一种收集信息的方式。这种方式的特点是并非围在桌边交流，而是融入对方的日常工作。

在正式的交谈中，对方会感到不太自然，回答也偏于社交式。但是，在这种跟踪取材的环境下，对方会很自然地说出真心话。

需要注意的是，不要依赖二手信息，自己应该亲临现场，亲自收集信息，以自己的所见所闻所感所想为基础，进行深入的思考。这点十分重要。

使用不知出处的旧信息，即便向客户提出解决方案，客户也不会欣然听从。

也许有人会感到意外，"咦，麦肯锡也做这种基层的工作吗？"在众多咨询公司当中，麦肯锡也许是最劳心劳力的。

如果认为工作能在办公室内潇洒地完成，那么上述工作状态或许确实出人意料，但是麦肯锡向客户提供的不是仅限于文字层面的分析结果，而是经过现场实际调查的卓有成效的高价值方案。换言之，对客户而言是否有价值才是关键所在。

倘若不能设身处地地感受客户的困境，是无法解决任何问题或提出任何建议的，也无法标榜自己做到了"客户第一"。

任何时候都积极应对

将客户放在第一位的同时,烦恼也随之而来。

究其原因,在于为了向客户提供行之有效的问题解决方案,我们自己首先必须跨越达到目标之前的种种困难。

比如下面这类情况。

假设对于一位目前只能跳 13 节跳箱①的客户而言,"行之有效"意味着他之后能跳 20 节。

一旦确定了跳 20 节跳箱的目标,我们就必须身体力行地验证如何才能安全且稳妥地跳过去。如果只是从理论上认为这种跳法可行,那就等同于自己毫不费力,而将风险强加于客户。这样工作是不负责任的。

客户原本也许可以自行解决问题,但是他们希望得到更佳的解决方案。在这种动机的驱使下,他们才会委托咨询公司。

因而,从某种意义上来说,每个咨询课题都相当困难。正因如此,他们对外支付专门的咨询费用,以期回收更高的价值。

---

① 跳箱,体操器具之一,高度可调节,形状像箱子,略呈梯形。——译者注

第1课
麦肯锡的专业作风

考虑到新人可能会对课题的难度感到无所适从，麦肯锡在新人培训伊始就教育他们，无论出现什么情况都不能退缩，不要忘记思考自己可以做什么。

绝不逃避，这是新人培训内容中的第一要素。在培训最后的案例分析阶段，新人需要制作演示文件，麦肯锡要求他们此时做出的成品就应当达到可以呈递给客户的水平。

当然，他们并没有制作这类文件的经验，所以在截止日期的前一周，大家都守在办公室里，彻夜不眠地工作。（尽管只是新人培训！）由于时间不够而只完成一部分的文件也会被要求重做。即便如此，他们也没有"放弃"这个选项。

总之，无论身处何种情况，绝不退缩，积极应对。这种任何时候都积极应对的态度在英文中被称为"Positive Mental Attitude"（积极心态，以下简称PMA），在麦肯锡经常可以听到"PMA是最重要的"。

也许大家觉得很难达到这种程度，但出人意料的是，我们一旦对项目难度有了心理预期，那么即便过程费尽周折，最终也能顺利完成。

相反，如果最初觉得无须过多努力就能完成，但后来发现不行，必须再加把劲儿，那么此时再要重整旗鼓，会更加艰难。

专业人士应该"尽善尽美地工作"

通常，咨询公司对客户咨询项目所提出的解决方案会被整理成一份完整的建议书，麦肯锡要求寻求解决方案的过程和呈现解决方案的形式都必须做到尽善尽美。

假设项目会议于一周后召开，经理要求在此之前整理出针对某行业现状的分析资料。但是，由于急于应对其他突发问题，只准备了一半资料。

一般，员工会向经理说明情况，而经理也许会允许员工将没准备好的部分先口述给对方，之后再印发资料。但是在麦肯锡，即便是会议资料，也绝不允许只完成一半。

资料只有一半，那该如何讨论？假如某问题涉及5个要素，却只有其中两个要素的分析资料，那么讨论会变得毫无意义。麦肯锡内部充满了无论如何都应该在会议之前准备好全部资料的紧迫感，积极应对才符合麦肯锡的风格。

不能说"怎么办！来不及了！""如何才能赶得上"之类的话。

第1课
麦肯锡的专业作风

积极心态才是它的基调。

当然,并非准备好全部资料就万事大吉了,内容的质量也必须做到尽善尽美。

即使自己认为资料完美无缺,但实际并非无可挑剔。曾经有这么一个传言:"大前先生看了资料之后,直接把资料扔进了粉碎机。"事实就是如此的严格。

进入公司仅一年的人,很难判定做到何种程度才算尽善尽美。

即便如此,麦肯锡人都不会以此为借口。抱着这种豁出去的态度埋头苦干,凭借自己特有的洞察力拿出成果时,不仅自己喜不自胜,周围的人也会赞不绝口。

我认为正是因为对尽善尽美的追求,才能取得有价值的成果。

要么继续创造价值,要么离开。听起来也许很严重,但仔细想想,任何工作都是这样。原因就在于,如果无法持续创造出能够令客户满意的价值,就将被迫退出竞争。

如此一来,倘若一开始便能在任何时候都尽善尽美地工作,一直积极应对,那最终也不会因缺乏竞争力而被迫退出。

只要意识到这一点，工作绩效必然会大幅提升。因此我希望大家都能积极对待工作。

修行僧与艺术家

即便进入公司只有一年，麦肯锡也会告诉你："创造出你的价值。"

比如在开会的时候，会议氛围不允许新人沉默不语。此时，引人入胜的发言便是公司期待你创造出的价值。

在制作演示资料时，自然也需要创造价值。

刚进入麦肯锡的大学毕业生被称为"BA"（Business Analyst，商业分析员），之后会被指定负责各种项目或调研工作。有一次，我收到一个项目委托：调查日本的零售店战略。

我的工作是负责调查银座的百货商店等卖场的实际面积，这是研究海外流通零售业进出口日本情况的一个环节。

但是在实际调查时，因为消防法等原因无法获悉每一家卖场的具体面积。图纸上的面积若与实际占地面积之间存在误差，也许会影响整个调查结果。

第1课
麦肯锡的专业作风

因此，在了解了实际问题之后，我绕着商场来回走动，苦思冥想，最终想到了一个法子。

测量一下自己的步幅，再乘以自己走过的步数，便可以得到大致的数字。当时，智能手机上的动作传感器之类的应用程序尚未问世，我迫不得已采用了这种方法，最后上司评价道："你干得很好啊。"

这类举动也许还存在着非逻辑性的一面，因为其中包含着个人创意与行为灵感等感性因素。

即便会被问到这么做的原因是什么，但因为凭借的是个人独一无二的灵感，故而其他任何理由都显得无足轻重。

这样才能给予正确的解答。

一提起麦肯锡，其逻辑思维的形象过于强烈，以至于所有人都认为麦肯锡员工只与定量数据打交道，但实际上真正出色的人才具备一种艺术家的灵感。

当然，他们也拥有卓越的逻辑思考与分析能力，而且这方面的能力越强，在运用艺术家式的灵感处理问题时，越有可能取得恰好也符合逻辑的成果。

对这类人而言，逻辑能力只是用来说明解释问题解决方法的能力。

我觉得，不得不借助图表或框架等手段反复说明才能传达的观点，并不能真正打动人心。

与之相比，"尽管不知道为什么，但好厉害啊！"之类的赞叹，便宣示了某一观点不容忽视的存在感。

逻辑性是工作的必要条件，但不是充分条件。请大家环顾一下四周，难道不是这样吗？

有些人的话在逻辑上是正确的，但是不知为什么总感觉冷冰冰的，或者说，毫无感触。大家都不愿意同这样的人一起承担项目吧。

逻辑上给予正确的方向引导，同时带来心灵的感触，会让团队成员感到安心。在工作达到自己设定的标准之前，决不妥协；一直追求尽善尽美，直到截止日期；迈入办公室时神采奕奕。这类人在麦肯锡中颇受欢迎，这种行事风格也许有些像修行僧，带有禁欲的色彩。

第1课
麦肯锡的专业作风

何谓"麦肯锡人"?

工作也好,体育运动也罢,无意间环顾四周,发现身边尽是慢条斯理、敷衍了事的人,你会怎么办呢?

再兢兢业业的人,也不免会被周围迟缓倦怠的氛围感染,以致兴致低落。

麦肯锡充斥着"要么继续创造价值,要么离开"这种让新员工觉得不可思议的氛围。新员工坚持下去的原因,应该就在于"严于律己之人"聚集的工作环境。

想做好工作,想推出好创意,并且想更出色地完成工作,围绕在我身边的都是这样一直在探索如何创造更高价值的人,我自然也见贤思齐。

其实,可以说麦肯锡只录用那些置身于这样的环境中可以有所作为的人。他们不仅优秀,而且具备某种特性,可以展现自我。

据说,大前研一先生原本是日立公司的一名核能工程师,在转行进入麦肯锡时,8位面试官中,仅有一位给予他肯定,其余所有人都表示"无法决定",但他最终还是被录用了。

与总能得到许多肯定的优秀人才相比,麦肯锡更倾向于聘用具有真才实学的人。

优秀、有魅力且具有真才实学的人，才是所谓的"麦肯锡人"。

除此之外，几乎所有麦肯锡人都渴望自立自强。我觉得，想在麦肯锡工作到退休年龄的人寥寥无几。在麦肯锡那样的人反而是"怪人"。

要锲而不舍、自强不息，取得实实在在的工作成绩。为此，麦肯锡人自新人时代起就学习掌握各种工作利器与战术，正如本书开篇提到的，在麦肯锡工作3~5年后自立门户或从事各类企事业公司经营管理的人不胜枚举。我自然也希望成为那样的人。

因此不论时代在如何变化，我都不会感到恐慌。

在面临新工作、新挑战或新难题时，不恐慌的情绪本身就是优势。

可以说，麦肯锡式问题解决技巧的精髓在于：掌握这种技巧的人在不知不觉间便具备了镇定自若、强大而达观的精神力量。

拥有高超的问题解决技巧，却畏于挑战新事物，那无异于"暴殄天物"。如果希望自己变得更加强大，我希望大家务必参考麦肯锡的做法。

第1课
麦肯锡的专业作风

重视外表

麦肯锡已经形成了自己的品牌。这个名字中凝聚着对待工作的基本态度、品性等一切因素。

即便是刚进入公司一年的新人，也应当毫无疑问地展现这个品牌。公司气氛不允许他们穿戴随便，哪怕是在客户面前使用的一支笔，也不能显得没有品位。

随身物品自然不会为我们完成工作。但是，关注细节、留心带给对方的印象，这种态度最终将关系到工作的质量，对客户也会产生一定的影响。

所以，麦肯锡的员工很注重自己的随身物品的质量和品位。

我还记得，趁着各国BA齐聚纽约的机会，当时我们这一批刚进公司的BA都购买了渴望已久的哈特曼（Hartmann）手提公文箱。

在展现品牌这一点上，演示资料的制作方法也处处体现着麦肯锡的风格。

麦肯锡的资料制作方法中蕴含着麦肯锡全球各分部通用的秘诀与规则，关于这一点，我将在第7课中具体说明。

比如，图表旨在促进对资料信息的理解，故而其时间轴的走向基本上都是从左到右。

另外，还必须遵循某些规则，如表中数据需标明因果关系、图表等需标注出处、图表的核心内容需辅以简单的口头解释等。

需要关注的细节层出不穷，但正因如此，麦肯锡的资料才能做到一目了然。

麦肯锡也谆谆教导刚进入公司第一年的新人关注资料的细节。当然，一开始谁也无法制作出令人满意的资料。我把自己煞费苦心绘制的图表拿给当时被称为"图表能手"的专业人士看时，被批评得体无完肤，"你想表达什么？这根本算不上图表！"

然后，"图表能手"对图表做了一番修改。改过之后，我发现的确远比自己绘制的图表更加一目了然、饱满有力。

任何人都可以使用PPT等软件绘制出有模有样的图表。不过，能否精益求精，令对方一目了然呢？

关键不是制作自己想制作的图表，而是制作对方能够理解的图表。

我也见过许多演示资料中的图表，大多数图表本身信息量丰富，而且描绘得较为复杂，不易理解。

第1课
麦肯锡的专业作风

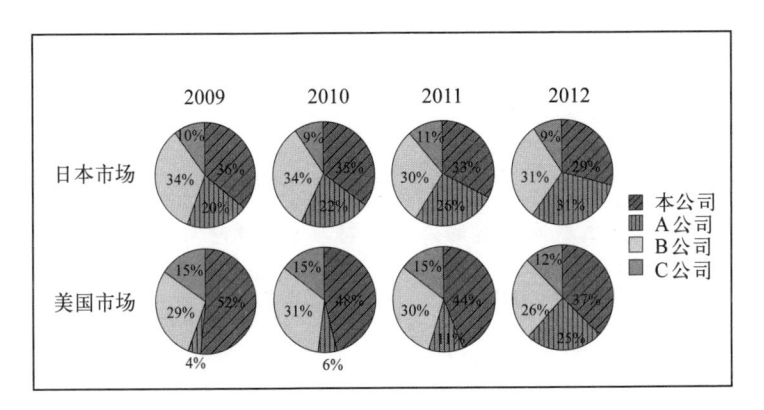

图A　各公司在日本及美国市场所占份额的变化（2009~2012）

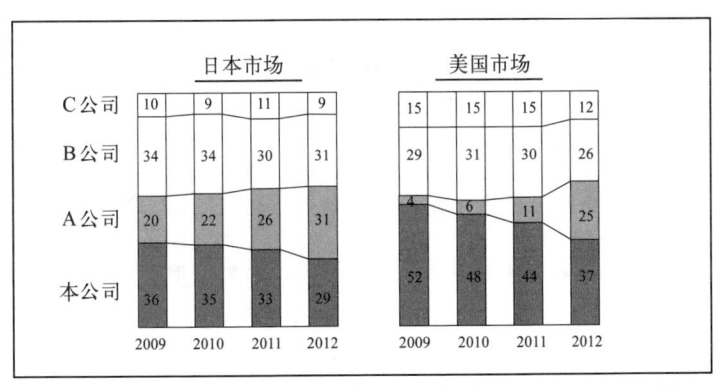

图B　各公司在日本及美国市场所占份额的变化（2009~2012）

比如，上文中的图A和图B两幅图，哪一幅更易于理解呢？希望传达的内容是："A公司的崛起正在成为一大威胁，为了稳定日本与美国两地的市场份额，本公司必须更加努力"。

麦肯锡工作法
マッキンゼー流
入社1年目問題解決の教科書

对图A的考察

- 乍一看，不知应当如何解读该图想传达的内容。
- 该图原本表达的是本公司与3家竞争对手在日本与美国的市场份额变化情况，但是其意图尚不明确。

对图B的考察

- 易于理解本公司与3家竞争对手在日本与美国的市场份额变化情况。
- 可以清楚地掌握各公司市场份额的明细。
- 通过有效地利用连线与阴影，能更清晰地传达意图。

相较而言，图B可以更直观地传达希望表明的信息。

像这样对细节"斤斤计较"，对希望表达的信息多加推敲，资料便更能引人入胜。也许有人对这种斤斤计较不屑一顾。不过，优秀必然有其理由。

麦肯锡对细节斤斤计较，认真考究整个工作流程，因此才可以预防"达不到预期水平"或"无法保证预期结果"的情况的发生。

在一般的工作场合,对细节的严谨把握有利于产生诸多好的结果,比如邮件主题、笔记或会议资料的标题等,必须让人一目了然。

比如,《对比公司内部节能对策的费用与效果》这一标题,就不如《空调温度提高2度可以削减10万日元/年的成本》更能够准确地表达资料希望传递的信息。

即使资料内容丰富精彩,觉得对方读后定能有所了解,但是倘若客户日理万机,未必会仔细通读。

只需简略地浏览资料的标题或内容提要,便可以使对方了解希望传达的信息,并进一步引起对方关注重点,尽早培养这一能力绝对百利而无一害。

勿将"调查"当工作

麦肯锡式的问题解决技巧,绝不需要死记硬背,而是要在实际工作中运用。因此,麦肯锡重视培养员工利用各种框架,分析并提取有附加价值的非普通信息的能力。

如果是在学校学习，或许牢记框架就可以过关，但在实际工作中，无法灵活地运用问题解决技巧，提取有附加价值的信息，就无法为客户提供事半功倍的解决方案。所以，最重要的是彻底实践麦肯锡式的思考方式："多问问这么做结果会怎样？"

麦肯锡有一个专门针对这种思考方式的新人培训项目。

经营外卖食品的某家公司希望以咖啡店的形式推销新的食材，为此需要对其可行性进行评估。新人被指派完成该项目。

小组由四个人组成，我主要负责调查哪部分顾客最终将受益于这种全新营业模式，以及可以利用哪些销售方式。

顾客群是以20~35岁的女性，还是以30~40岁的男性为主？顾客群不同，开店方式、菜单定制、店铺设计、服务方式等一切要素也将截然不同。

但是，此处有一个陷阱。仔细观察饮食实体店可以发现，有些店同时吸引着年轻的女性与相对成熟的男性。

因此，如果只依据该食材为年轻女性所钟爱，就得出年轻女性是主要的顾客群"这一分析结果的话，无异于厝火积薪。

倘若可以发掘不同顾客群背后的共通点，并确保开设的店铺抓住该要点，就有可能提高成功的概率。

采用同时吸引年轻女性和成熟男性的全新营业模式是否存在？

从这一假说出发进行思考和分析，充分检验该营业模式存在的可能性，这才是咨询工作的要求。

当客户在体验采用新食材、遵循新营业模式的咖啡店时，我在会场展开问卷调查，了解新食材会受到哪些顾客群的欢迎，以及可以采取何种方式销售。

那么，应当如何制作调查问卷？

我最初设计的都是"为什么选择这家店？"等常见问题，经理看过之后，反问我："即使知道选择原因又怎样呢？不能只依赖从问卷中获取信息。"

这就是麦肯锡的思考方式。其中也含有另一层意思：调查时不要询问"喜欢A还是B？"这类问题，因为这种问题无法为客户提供超出他们预期的价值。

怎样设计问卷，才能获得意想不到的发现呢？我一边与公司的调查专员商量，一边在数据库中缩小问题的范围，苦思冥想，重新设计出了一份调查问卷。

比如，针对年轻女性和成熟男性两个顾客群，我努力地充实问卷内容，比如扩展了"应该提供怎样的就餐环境？"等子选项，验证假说。

在活动现场进行问卷调查的时候，也应当观察到场的男女老少的行为，听取他们的谈话。机械地收发问卷，徒劳无益。

我最初设计的调查问卷，碰巧满足了某些显性需求，却未能反映潜在的需求。这样一来，便只流于形式了。

制作问卷本身不是目的，必须考虑借助于问卷要达成什么目标，以及利用从中获得的有价值的分析结果，可以描绘出怎样的解决方案。

麦肯锡的惯例是新人在自己设计完问卷之后，再征询经理的意见。

对公司上级的报告，不允许出现内容不明确、不完善的情况。麦肯锡认为，在所有步骤中，逐渐积累、完善内容，才可能创造价值。

第1课
麦肯锡的专业作风

成为独一无二的行家

现在回想起来,进入麦肯锡的第一年,荆棘载途,但工作态度完全取决于自己。

展现给他人的成果必须首先得到自己的认可,决定自己工作质量的是自己。这是一种"行家气质"。

所谓"行家",指的是这样一类人:与之交谈的时候,对方能够从不同于自己的视角出发,提出许多妙趣横生的想法。比如,摄影水平虽与专业人士无异,但会将资料整理成视觉舒适、引人注目的内容。又比如,在加以说明的时候,可以描绘出趣味横生的漫画感。总之,麦肯锡聚集着诸多独一无二的人。

他们在面对工作时,严于律己,坚持信念,竭尽全力,努力高质量地完成工作。尤其是他们不怎么喜欢自我标榜,认为他人对自己的评价完全取决于工作结果。麦肯锡便是这样的一个行家集团。一看作品就可以知道出自于何人之手,并从中体味到艺术的美感。

从积极意义上讲,与留意公司内部人事关系或者同事之间的竞争相比,麦肯锡人更加重视如何才能创造出更高、更有益的价值。

我记得有一位前辈，针对"客户是否应该向某市场发展？"这一问题，与倾向于"应该发展"的上司展开了数小时的探讨，他依据自己的分析，坚持"不应该发展"。

这位前辈身上体现了一种近乎耿直的行家气质，展示了高品质的工作态度，为客户提供最佳解决方案。

倘若大家现在正苦恼于周围人对自己的评价，我建议大家果断地摒弃该想法，专注于利用自己的独特优势创造价值。

这个建议要求大家首先要准确地理解自己被寄予什么样的期待，然后认识到自己的独特优势，并灵活地将其运用于工作中。

假设你被分到人事部门，期待你完成的工作是统计员工对公司正在进行的培训的满意度。

如果在培训期间分发调查问卷，再将其原封不动地呈现在报告中，那么这种结果并不能体现你自己的风格。

假如你擅长接人待物，那么你或许可以积极地与其他部门的前辈、上司或同级联系，针对培训的满意度进行详细的询问，并将结果整理在报告中。这样一来，最终还有助于提高工作能力。

不要只解决眼前的问题

有这么一则寓言。很久以前，在一片森林中，一些盲人碰到了未曾接触过的庞大的"某物"。因为"某物"阻塞了道路，他们无法前进。于是问题便出现了，他们需要弄清"某物"是什么，再将其去除，打通道路。

有一个人说，这么粗的东西，肯定是一棵大树。另一个人说，摸上去很粗糙，绝对是一条大蛇。还有一个人坚持说是一张大网。

说是大树的人，也许会为了移除大树而请来伐木工人；而说是大蛇的人或许会叫来捕蛇人；说是大网的人则可能喊来更多的同伴。但是，这个"某物"其实是一头大象。

实际上，这则寓言蕴含着作为一名专业人士，必须时刻关注的一个问题。

每个人都只触摸了"某物"的某一部分，便断定"这是××无疑"，这样不仅无法开通道路，而且还有可能因为误解了其本来面貌，面临被踩踏的危险。

这对于我们在工作与生活等各种场合如何面对所遭遇的问题，极富启发性。

麦肯锡工作法
マッキンゼー流
入社1年目問題解決の教科書

我们总是希望尽早解决眼前的问题，以致只专注于现象本身。

但是，这时如果进一步转变关注视角，脱离现象这个边框，就可以发现真正的问题所在。

下文讲述的是我离开麦肯锡之后，在咨询工作中遇到的一个案例。

某制造厂的生产流水线上，有一段台阶极易让工作人员跌倒，成为一大障碍。

拿着零件走动时跌倒的话，不仅好不容易生产的零件会受到损坏，无法再使用，更严重的是还会发生工作人员受伤的问题。

现场的负责人采取了各种对策，如在台阶上贴上"以防跌倒"的标识语，或者粘贴防滑带，但还是未能完全阻止跌倒事故的发生。因为在流水线上，大家有意识地想要提高作业效率，结果会不知不觉地小跑过那段台阶。

这大概也是真正的问题所在。

我带着这种想法，提出了疑问："我们到底要做什么？"这也是返回问题解决技巧本质的一个环节。

首先，小跑过台阶的目的在于尽快将零件送达下一流程。在这种情况下，应该改善流水线路本身，尽可能地减少零件的移动，使工作人员无须通过这段有问题的台阶。

我记得现场的负责人听到这个提案后，不由得点头认可。

许多情况下，表面看来的问题实际上并非实际的问题所在。

另外必须注意的是，在解决问题时，必须有自我判断力。

即便对方指出了问题所在，在聆听的同时，还是不要忘记进行批判性的思考："真正的问题是否有可能不在此处？"

请大家牢记：解决问题至关紧要，但是对于真正问题的把握能力也不容忽视。

在全力以赴地着手解决某个问题但效果不佳的时候，或许应该暂时放下问题，提出质疑："是否混淆了问题本身？"

至此，我们已经领略了麦肯锡式问题解决技巧，以及必须具备的专业作风。

在对麦肯锡式问题解决技巧有所了解之后，接下来，我们一起来探索麦肯锡员工解决问题的基本步骤。

マッキンゼー流
入社1年目問題解決の教科書

第2课
麦肯锡式解决问题的
基本步骤

什么是"解决问题"?

在我们周围,每天都会发生各式各样的问题。

既有生活上"最近因为工作繁忙,没去健身房,体重增加了"这类的小问题,也有工作中发生的"主打产品出现缺陷,顾客投诉"、"团队业绩持续下滑,这样下去将面临解散的危险"等问题。甚至,还有如何处理增税导致的销售额下跌,如何应对国与国之间的领土纠纷、自由贸易协定或经济合作等问题。问题大大小小,形形色色。

从个人到团队再到国家层面,可以说我们总是在不断解决问题。

但是，请大家稍加思考，解决问题究竟指的是什么？

"想方设法应对发生的问题，不就是解决问题吗？"

大家往往这么认为。

但是，解决问题的原意并不是应对已经发生的事情，而是深入研究问题的本质：为什么会出现这种问题，应当如何做才能防止这类问题的发生？继而解决问题。也就是说，应该确定真正的问题所在，然后明确解决该真正问题的具体策略，并付诸实施，这才是解决问题。

事实上，许多人正是因为无法明辨这种区别，所以一直纠结于同一个问题，或者陷于无休止的思考之中。

为了避免浪费个人或工作上的宝贵时间，本书将介绍一些解决问题的思考方法与问题解决技巧。

麦肯锡教育员工，为了解决客户的问题，需要全面把握问题，同时深入细致地思索真正的问题是什么？

我最初关注解决问题的真正意义，是在进入麦肯锡第一年的新人时代。当时我受一位经理的委托，调查汽车行业的市场动向。

期限是两周。汽车行业的发展逐渐趋于平缓，汽车制造商为了增加销售额，应该制定什么样的发展战略？委托的内容是要求

第2课
麦肯锡式解决问题的基本步骤

我整理制定战略所需的基本材料。

准备资料时，需要依据委托内容中的事实背景，市场调查工作也包含各种各样的要素。

从市场整体规模，到竞争情况、顾客动向等，要想全面收集市场的动向信息，两周的时间并不充裕。

到底应该做什么？我一时有些着急。首先，为了明确销售战略，我按照自己的想法制定了一份细目表，包括市场规模、发展程度、顾客状况等反映市场动向的必要因素，然后与经理协商、确认。

我一边请经理过目，一边与他商量："我想按照这些内容调查市场动向，以便明确销售战略。您觉得怎么样？"

经理回复道："大岛，销售战略究竟是不是真正的问题呢？汽车制造商面临的真正问题到底是什么？你自己好好考虑一下。首先要明确真正的问题是什么？应该怎么做？销售战略是不是真正的问题所在？你能否带着这些问题准备材料呢？"

啊！真正的问题？

我终于意识到，自己对解决问题似乎有所误解。

实际上，经理对我的质疑概括了解决问题的基本步骤与基本原则。我原本以为该案例中的问题是"如何制定汽车制造商的销售战略",并为此整理了反映市场动向的资料。当时,我受到了一次不大不小的冲击。

为了真正解决问题,应当考虑真正的问题是什么,而不是应对眼前看到的事件。换言之,工作时应该时刻注意问题解决的步骤。这样,工作效率才可以显著提高,对问题的把握也会更加准确。

那么,问题解决的基本步骤是什么?以下便是基本步骤的整体流程:

区分问题设定与解答区域→整理并将课题结构化→收集信息→建立假说→验证假说→考虑解决方案→实施解决方案

明白解决问题的基本步骤之后,就可以确实地解决问题。

如果不能掌握基本步骤,那么在解决问题之前,就容易受到真正问题以外的事情烦扰。如果在问题解决的森林中迷路的话,将无法探究到真正的问题所在。

因此,牢记问题解决的基本步骤与基本原则,对顺利解决问题而言至关重要。

第2课
麦肯锡式解决问题的基本步骤

解决问题的基本步骤

1. 不要打地鼠

问题解决步骤中,最重要的是一开始便有明确的目的:针对什么,应该怎么做?是谁,想要什么样的结果?换言之,要明确希望达到的状态。出人意料的是,这点很容易被遗忘,希望大家注意。

举一个简单的例子加以说明。A在工作中总是出现失误。为了杜绝A的失误,应该怎么办呢?为此,公司决定由B进行复核。看上去,问题貌似得到了解决。但是,如果A从一开始便不出错,就无须花费B的时间,这样一来,全体工作就可以顺利地推进。

该解决方案出自于"因为失误偏多,所以就减少失误"这种"硬币翻面"的想法,并没有明确真正的问题所在。

正如字面意思所说,"硬币翻面"指的是"将硬币的正面翻转为背面",这十分简单,但在大多数情况下,效果甚微,并不能根本性地解决问题。

也有可能B因为负担增多,疲惫不堪,失误不减反增。如此一来，反而弄巧成拙。

我重申一遍，解决问题，究其根本是寻找真正的问题，填补应有状态与现实之间的差距。在这个案例中，A与B均可高效无误地完成工作，这才是应有状态。

因此，首先确认应有状态是A与B均能高效无误地完成工作。然后，考虑为了实现这种应有状态，什么才是真正的问题？将"对A与B而言，失误与负担均减少"视为真正的问题解决方法。结果是否皆大欢喜呢？

上一节提到，我曾收到汽车制造商关于市场动向调查的委托，当时我也陷入了硬币翻面的思维僵局。如果以为在平稳发展的市场中，汽车制造商的销售数量减少，因此提高销售量是解决问题的方法，那么就无法根本性地解决汽车制造商面临的问题。

关键在于探索真正的问题，思考在市场平稳发展时，该汽车制造商应该保持什么样的状态？

换言之，无法解决真正的问题，像打地鼠一样仅处理眼前的事件，是称不上解决问题的。

顺便提一下，玩打地鼠游戏的时候，为了不让地鼠再次出现，大家会怎么做呢？一种解决方案是切掉游戏电源。或许有人会质

第2课
麦肯锡式解决问题的基本步骤

疑这种解决方法。但是在解决问题时，这也不失为一种出色的解决方案。又敲又打，但地鼠依然无穷无尽地冒出来，始终打地鼠般地处理问题，真的是上策吗？此时，应该试着开始质疑。

即便问题得到了暂时解决，但实际上并未弄清真正问题所在，这种情况也并不罕见。

也许这是一个比较极端的例子，但是我们平常认为是问题的实质上可能并非问题。另外，如果真正解决该问题的话，能否为大家带来好处？能否收获与解决问题的努力相匹配的成果？一开始便提出这类质疑，才是迈向真正解决问题的第一步。

2. 解决问题的整体流程

①**把握问题的结构**

我想大家应该已经明白：不能将眼前的事件认定为问题，而一味地打地鼠（紧急情况，则另当别论）。那么，如何才能摸索到潜藏在事件背后的真正问题呢？

对现状漠然置之、信手处理的话，不仅不能触及真正的问题，反而会使情况更加混乱。

因此，首先根据眼前发生的事情，定义问题，锁定问题所在，并将问题的构造可视化,即明确与该问题相关的主要因素。

此时的要点在于分离事件与要因。就前文汽车制造商的案例而言,不能只看到销售量减少的现象就开始思考对策,而应当通过分析引起销量减少的各类要因,把握这一问题的具体构造。

任何事件或结果,都绝不可能独立存在。

②分解问题构造的方法——逻辑树

分解问题时,可以采取逻辑树的方法。

我想大家对此都有所耳闻。所谓逻辑树,指的是一种思考框架,将包含前提事件在内的问题(大问题),按照与该问题相关的数种要因,进行细致的拆分(小问题)。

按照字面意思,就是前提事件是大树的树干,众多的要因成为分枝,因此称其为逻辑树。

举个例子,日本全国的节能问题十分复杂,但我们可以考虑并解决自己家庭的节能问题。这也是在分解、缩小问题,使之便于思考。

在分解问题的过程中,需要注意以下三点。

第一,应当做到不漏不重。比如,将顾客分为"男性"与"女

第2课
麦肯锡式解决问题的基本步骤

性",则既不漏也不重,但是将顾客分为"喜欢户外运动"与"喜欢登山",则既有遗漏,又有重叠。登山也包含在户外运动中,所以存在重叠的部分,而且顾客应当还有其他的嗜好。

如果有所遗漏或重复,解决方案的效果就会减弱,重新改正又耗损时间,所以希望大家注意这一点。

第二,应当根据事实基础进行分解。解决问题,因为行为主体是人,所以往往掺杂感情因素,或者,更多反映的是强硬派的意见。但是,受到感情或声音强弱的干扰,也是无法真正解决问题的另一个主要原因。

第三,不必深究不太重要的事情。使用逻辑树分解问题的时候,会得到各种各样的原因,其中也含有无关紧要的因素。

反过来讲,通过逻辑树的方法,可以俯瞰问题的整体构造,知晓重要程度的高低,因此也能够设法避免在重要程度较低的问题上花费过多的时间。

假设你是一名营业员,但实际业绩总是上不去,要寻找该问题的原因,需要按照逻辑树的方式,深入分析原因,如下图所示。

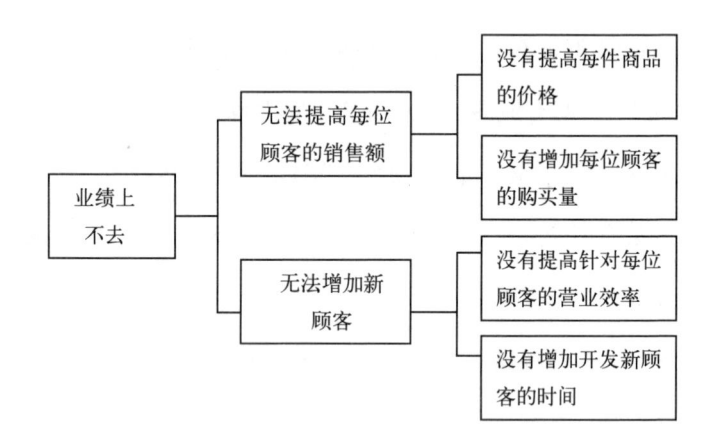

```
                    ┌─ 没有提高每件商品
        ┌─ 无法提高每位 ─┤    的价格
        │  顾客的销售额  │
        │              └─ 没有增加每位顾客
业绩上 ─┤                   的购买量
不去    │
        │              ┌─ 没有提高针对每位
        └─ 无法增加新 ─┤    顾客的营业效率
           顾客        │
                      └─ 没有增加开发新顾客
                           的时间
```

逻辑树的案例

如上图所示，按照逻辑树的方法，深入探讨业绩总是上不去的原因，就可以把握问题的整体情况。然后，加以分解便可以看到：业绩上不去的问题含有诸多因素。

可能"无法增加新顾客"是真正的问题，"没有增加每位顾客的购买量"也有可能是真正的问题。

就这样，遵循逻辑树分解问题，有助于把握问题的整体情况，明确真正的问题所在。

③提出假说，进行分析

借助逻辑树发现问题的构造之后，接下来就要明确争论点：

第2课
麦肯锡式解决问题的基本步骤

"什么是关键的问题?"明确争论点,也就是提出假说。

当然,此时认为最关键的问题,其正确性也未可知。但是,倘若对问题构造——分析、验证,所耗时间将无限延长。

因此,现阶段的假说应当先设定最关键的问题(要点),并验证其正误。所谓最关键的问题,就是对解决问题卓有成效的本质问题。

比如我在上文中叙述的关于制定汽车制造商发展战略的案例,其中,假设每台汽车的收益率下降是解决发展问题的关键。

首先,运用逻辑树将问题结构化,解决该问题的要点就排除了开发新客户,有可能劝说购买低价位车型的老顾客购买更高价位的车型才是要点。

然后检验该要点是否正确,如果无误,就可以顺利地进入解决问题的下一个环节。

④验证假说的方法——要点树

可以借助各种各样的思维工具验证假说。与用于分解问题的逻辑树相似的要点树,便是其中之一。

它与逻辑树的构造基本相同,以关键问题(要点)为起点,针对由此推导出的诸多要素，验证该假说是否成立。

同样是上文提到的关于制定汽车制造商发展战略的案例，假设要点为"是否需要开展升级版车型的试驾体验促销活动"，为了验证该要点，推导出以下验证要素：预算是否超支？是否将费用与效果考虑在内？能否聚集顾客？能否考察顾客的反响？是否存在备用计划？如果所有验证结果均为肯定，便可以付诸实施。

在验证假说的时候，也需注意不漏不重。麦肯锡向员工深入普及了这个原则。在这个环节中，如果不能做到不漏不重，会导致分析过于粗糙，无法得到正确的答案。

按照严谨的逻辑验证假说，提高验证的精确度，有着举足轻重的作用。

在分析、验证的过程中，有时需要修正或变更要点，这种情况表明精确度正在不断提高。正因为一开始便设定了要点，所以可以理解何处出现误差，不至于中途迷失方向。

正因为最初设定了假说，绘制了要点树，所以即便过程有所更改，自己也能掌握何处做了更改、经过了怎样的更改，以及何处绝对不能出错等基准。

如果，既未设定假说，也未绘制要点树，便贸然前进，迷路

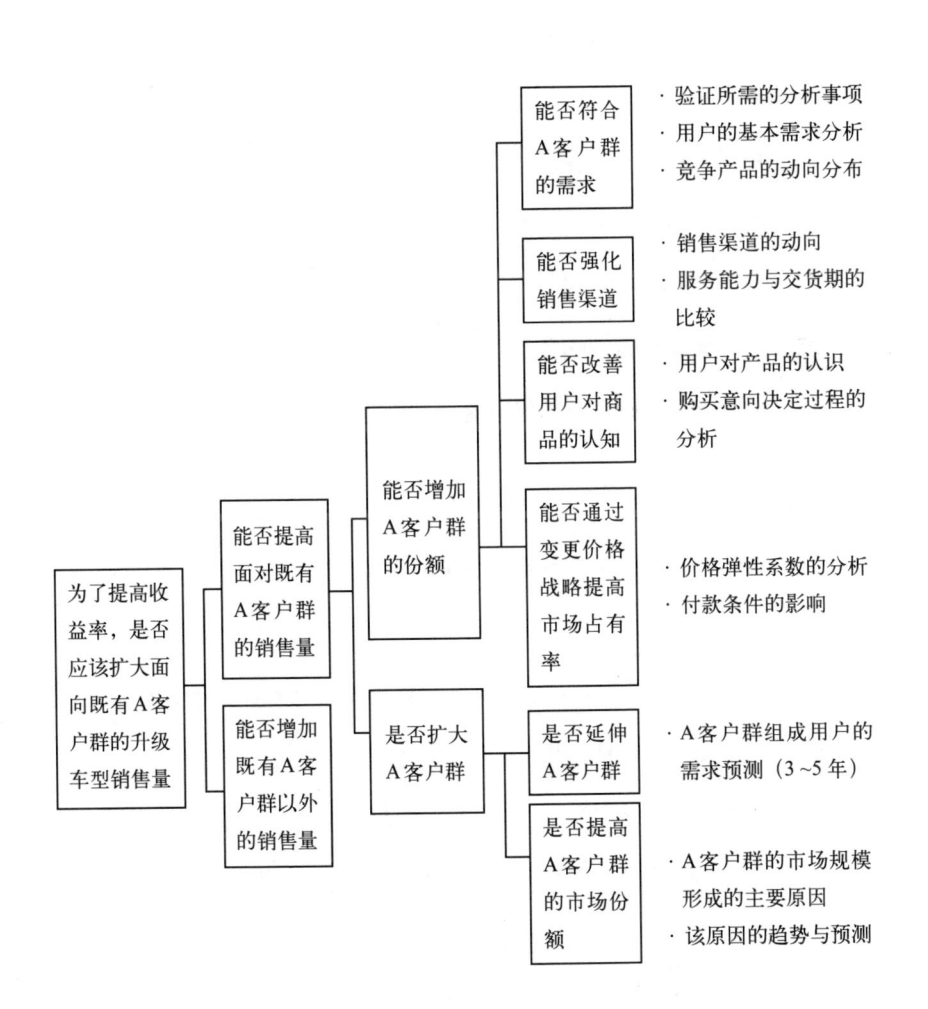

第2课
麦肯锡式解决问题的基本步骤

```
                                                    ┌ 能否符合      · 验证所需的分析事项
                                                    │ A客户群       · 用户的基本需求分析
                                                    │ 的需求        · 竞争产品的动向分布
                                                    │
                                                    │ 能否强化      · 销售渠道的动向
                                                    │ 销售渠道      · 服务能力与交货期的
                                                    │              比较
                                      ┌ 能否增加     │
                                      │ A客户群     ┤ 能否改善      · 用户对产品的认识
                      ┌ 能否提高       │ 的份额      │ 用户对商      · 购买意向决定过程的
                      │ 面对既有       │            │ 品的认知      分析
                      │ A客户群       │            │
                      │ 的销售量      │            │ 能否通过      · 价格弹性系数的分析
为了提高收              │              │            │ 变更价格      · 付款条件的影响
益率, 是否     ┤              ┤            │ 战略提高
应该扩大面              │              │            │ 市场占有
向既有A客              │              │            │ 率
户群的升级              │              │
车型销售量              │              │ 是否扩大    ┤ 是否延伸     · A客户群组成用户的
                      │              │ A客户群     │ A客户群      需求预测 (3~5年)
                      │ 能否增加     │            │
                      │ 既有A客     │            │ 是否提高     · A客户群的市场规模
                      │ 户群以外    │            │ A客户群      形成的主要原因
                      └ 的销售量    │            └ 的市场份     · 该原因的趋势与预测
                                                    额
```

要点树的案例

· 043 ·

的可能性很大。而且，不知道在何处以及怎样折返，最终只能无功而返。

我们一起来看"要点树的案例"。

假设在验证"为了提高收益率，是否应该扩大面向既有A客户群的升级车型销售量"这一论点时，不漏不重地分解要点树，就可以发现需要验证的各个要素，包括市场扩大的可能性、对客户需求的把握，以及与销售渠道、与价格相关的要素等。

⑤ 推导解决方案——空·雨·伞

在分析、验证要点，实施解决方案时，也存在一种基本的思考框架。

在验证要点的过程中，收集到的数据或信息不计其数。但是，仅仅收集数据或信息，并不能解决问题。

此时的关键是"空·雨·伞"的思考方式。麦肯锡十分重视培养员工这种思维方式。"空"指的是事实，即现状如何；"雨"指的是意义，即这种现状意味着什么；而"伞"指的则是解决方案与对策，即从该意义推导出要做什么。以现状、意义、对策为基础进行思考，至关重要。

第2课
麦肯锡式解决问题的基本步骤

如果在汽车销售战略中，存在"开展升级车型的试驾体验促销活动"这一对策，那么思考过程如下所述。

首先，当下的"空"是面向既有客户群的低价位车型的销售数量正在下降。对此现状加以验证与深入观察，发现原有客户换乘了环保性能与机能较为良好的其他厂家的升级车型。也可以解读为，客户对低价位车型的满意度正在降低，而且他们购买时更加注重环保性能与机能等参数。以上便是从"空"到"雨"的过程。

接下来，进入采取解决对策的阶段。以现状与意义为立足点，制定解决方案与对策，通过开展升级车型的试驾体验促销活动，给原有客户送"伞"。

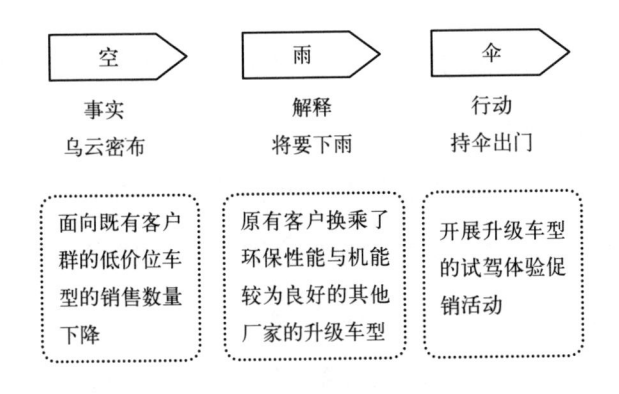

空	雨	伞
事实	解释	行动
乌云密布	将要下雨	持伞出门
面向既有客户群的低价位车型的销售数量下降	原有客户换乘了环保性能与机能较为良好的其他厂家的升级车型	开展升级车型的试驾体验促销活动

空·雨·伞一览表

这时需要注意的是不要过度收集信息。顾及因素过多的话，即便在收集信息与验证过程中花费了很多时间，也不过是增加了可供判断的素材。素材过多，也许反而会导致在随后的判断过程中浪费时间，错失实施行动的最佳时机。

即便能够很好地洞察合理的举措，但如果在下雨之后才收回晾晒的衣物，也已经毫无用处。

解决问题时必须注意的要点

1. 不要过分局限于现在的状况或制约条件

在解决真正的问题时，不要过分局限于现在的状况或制约条件，这相当重要。

究其原因，在于解决真正的问题意味着实现应有状态或希望达到的状态，即填补目标与现状之间的差距。现在的状况或制约条件也许原本就与目标毫无关联，或者这些情况也在发生变化。

换言之，如果没有必要改变现在的状况或制约条件，那么维持原状也毫无问题。

第2课
麦肯锡式解决问题的基本步骤

因此,在解决问题的时候,不应该拘泥于现状,而应该站在应有状态或希望达成的状态这一更高的角度想办法。

采用本书介绍的各种思考技巧和问题解决技巧,一开始觉得很难解决的问题,到最后你会发现其实并没有那么困难。

假设大家从事饮食行业,希望通过制作新的亲子套餐来吸引顾客。之后想到了一个主意,宇宙的话题能够使亲子活动充满乐趣。

饮食业与宇宙乍看似乎完全没有任何联系。但是,如果能够吸引喜爱宇宙的父母与子女光临的话,就能成为热点,获得社会媒体的关注。

如果找到饮食业与宇宙相关的联系点,比如内部装饰有与宇宙相关的事物或图片,身穿太空服拍照留念,添加宇宙食品菜单,你还觉得根本不可能吗?

不要拘泥于当下的状况或制约条件,而要以"亲子可以享受的空间"这一希望达到的状态为起点,提出对策,付诸实际行动,以弥补想法与现实的差距,这样一定能够愉快地解决问题。

2. 时刻保持思维的逻辑性

在很多场合中都能说明解决问题中逻辑思维的重要性。

那么，逻辑思维为何重要呢？逻辑思维也可以解释为"逻辑性的思考方法"，貌似一旦添加"逻辑"这个词语，就会莫名地感到死板。

逻辑思维的本意是，明辨原因与结果，找到合乎道理的思考方法或判断方法。它可以将含混不清的问题理顺。

我希望大家记住，逻辑思维可以把解决问题的过程中遇到的各种情况、要素或自己设定的假说梳理清晰，辨清原因与结果。

这样才可以杜绝解决过程中的重复或遗漏，而且不会循环往复，或深入原本就没有出路的秘境之中，即便途中迂回曲折，也能够圆满地解决问题。

据说逻辑思维之父是古希腊哲学家亚里士多德。众所周知，逻辑学中有一个三段论："如果A=B，B=C，那么A=C。"

玫瑰（A）是花（B）

花（B）最终会枯萎（C）

玫瑰（A）最终会枯萎（C）

第2课
麦肯锡式解决问题的基本步骤

通过令所有人看过之后都能够理解并接受该逻辑的原因与结果，可以设定假说，制定解决方案，最终解决问题，也便于向周围的人展示。这点十分重要。

3. 反复重复"为什么"

通过逻辑思维推导出的结论与解决方案，必须使任何人从任何角度出发都能感受到严谨的逻辑。麦肯锡总是要彻底验证逻辑是否严谨。

假设你毫无基础，为了获得税理士①的资格正在学习，但是成绩总得不到提高。你认为原因在于没有在学习上花费时间，为了提高成绩，你得出了"在学习上不花费时间，就无法提高成绩"这样一个观点。但是，"学习什么，为了什么学习"等要素或依据并不明确，所以仅此并不能推断出具体的解决方案。

于是，我们要不断追问，得出答案：在学习过程中，尤其需要花费时间学习初级的簿记。

不过，其他科目也需要学习时间，所以进一步询问，便得出

---

① 税理士即根据日本《税理士法》，从事税务代理、承办税务文件和税务咨询等活动的人员。——译者注

了具体的数字：因为题目包括簿记5大领域的问题，所以需要时间学习。

继续询问，得出：因为题目包括簿记5大领域的问题，所以每一个领域的学习时间最少要30个小时。

明确该要点之后，就可以具体讨论为达成该目的，应当采取什么样的解决措施。

如此一来，与最初的"在学习上不花费时间，就无法提高成绩"相比，逻辑更为严谨，并且合乎道理，自己也就可以放手一搏了。

4. 必须考虑"针对谁、做什么、如何做"

解决问题到最后阶段的时候，就需要考虑"针对谁、做什么、如何做"。

这关系到当事人能否明确"我应该做什么，又该如何做？"

比如，即便告诉对方销售额下滑问题的解决方案是加强营业活动，但由于未向对方展示具体应该做什么、如何做，对方也无法采取行动。

在商业行为中，如果没有明确规定"针对什么样的客户，以

第2课
麦肯锡式解决问题的基本步骤

什么样的方法提供什么样的商品或服务",这就等同于没有从根本上解决问题。

尽管如此,令人惊讶的是,不少企业在"针对谁、做什么、如何做"等问题依然模糊不清的时候,因希望快速增加客户人数或提高销售额,就贸然地解决问题。

或许,这样也能取得进展。但是,这只是一时的。为了创造真正有影响力的成果,请大家不要忘记必须考虑"针对谁、做什么、如何做",从本质上解决真正的问题。

マッキンゼー流
入社1年目問題解決の教科書

特別讲
麦肯锡式分析框架
的入门工具包

脑中存有框架

本节特别讲是为了向大家介绍一提起麦肯锡就令许多人联想到的框架。

至于为什么专门设置特别讲,是因为在考虑解决各种问题的时候,掌握框架更为便利。

框架确实十分重要,但是框架本身不过是帮助解决问题的一个便利工具,掌握它并不是最终目的。

灵活地运用框架,就有可能得出苦思冥想也无法挖掘出的见解。

不仅如此,在解决问题的方式上,掌握框架与未能掌握框架的差别，就类似于移动同样的距离，是乘坐飞机还是乘坐各站都停的电车。

但是，切记不可混淆的是，框架是利于有效深入思考的工具，如果脱离目的，将毫无意义。而且，使用框架整理出的内容中，必须提取其意义，不应当完全依赖于框架。

在东京与大阪之间往来的话，乘飞机自然更快，但是如果希望利用旅途时间来阅读书籍或整理资料，那么新干线反而更适合。

工具也好，框架也罢，如何使用也十分关键。

另外，使用框架也有助于防止解决问题时经常出现的失败。

"靠自己的经验进行判断，失败了。"

"遗漏了应该讨论的事项，却并未发觉，失败了。"

"因为局限于眼前的事情，无法看清整体，失败了。"

"认为重要的事情其实并非如此，浪费了许多时间。"

以上各种失败的情况，只要头脑中时刻存在框架的概念，大部分都能避免。

特别讲
麦肯锡式分析框架的入门工具包

希望把握整体流程中的重要因素时，采用商业体系

所谓商业体系，顾名思义，指的是在开展事业时，按照性能区分各类必需的要素，并将其整理为连续的流程。

在商业体系中，首先投入人力、物力、财力、信息与技术等，然后制造出成型的产品，脚踏实地地按照流程进行。

分析每个步骤中的实际行动，探讨如何改善、重组、再设计等。

本节以A饮料公司的商业体系为例。与饮食行业普遍的商业体系相比，A公司依照巡回销售的策略，重新设计了物流、批发

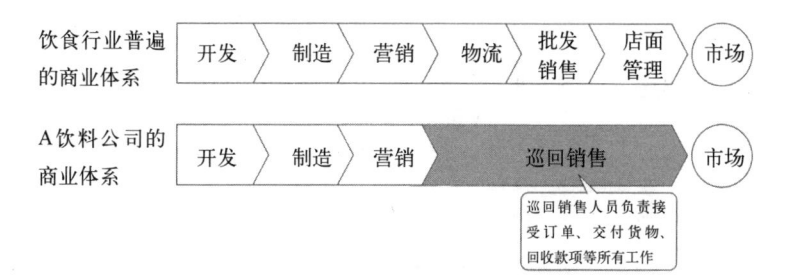

饮食行业普遍的商业体系	开发 > 制造 > 营销 > 物流 > 批发销售 > 店面管理 > 市场
A饮料公司的商业体系	开发 > 制造 > 营销 > 巡回销售 > 市场

巡回销售人员负责接受订单、交付货物、回收款项等所有工作

➡ 引进巡回销售的方式，有助于削减流通成本、规范服务水平、掌握市场信息等

A饮料公司的商业体系 vs 饮食行业普遍的商业体系

麦肯锡工作法
マッキンゼー流
入社1年目問題解決の教科書

销售以及店面管理的流程，业务大获成功。从上图可以深入了解到，巡回销售是成功的关键。

商业体系的框架也适用于转换职业或婚姻生活等私人活动。

在自己转换职业或婚姻生活中，如果希望心想事成，行动就不能没有计划。在商业体系的流程中，也应当详细地分析每一个步骤内应当实践的行动，明确自己应该着重关注的事项。

这样做，即便进展不顺利，也可以在每一个步骤内定位并改进受挫的问题点。

接下来，以转换职业为例，探讨如何使用商业体系。将转换职业这一目的视为客户，查明应当做的事情。

如下图所示，转换职业（或求职）也可以脚踏实地地明确步骤，整理应该完成的事情。我们在询问急于转换职业或求职活动进展不顺利的人的过程中，发现他们大多都在尚未掌握步骤之前就采取行动。这样一来，就有可能越过应该执行的步骤，以致发生疏漏，无法在实现目标之前顺利开展行动。

如果可以掌握并按部就班地执行步骤，就可以落实各个步骤中应该完成的要素，继而讨论自己应该加以改善或进一步加强的地方。

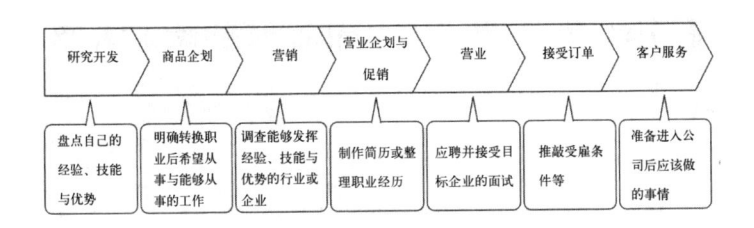

特别讲
麦肯锡式分析框架的入门工具包

研究开发	商品企划	营销	营业企划与促销	营业	接受订单	客户服务
盘点自己的经验、技能与优势	明确转换职业后希望从事与能够从事的工作	调查能够发挥经验、技能与优势的行业或企业	制作简历或整理职业经历	应聘并接受目标企业的面试	推敲受雇条件等	准备进入公司后应该做的事情

转换职业的流程

假如，你在面试的时候总是无法顺利地解答"请介绍一下你的强项"这个问题，那么也许就是因为你没有很好地在最初的步骤中盘点自己的经验、技能与优势。

如果自己没有信心或无法客观地盘点自己的经验、技能与优势，那么也可以求助于第三方的就业指导。

分解问题点、讨论并实践处理的诀窍在于，不要只关注发生问题的那个步骤，应当回到之前的步骤，改善之前应该执行的要素。以面试为例，仅仅改善面试时的自我介绍方法，即使表达流畅，也不一定能表明自己的优势。

为避免这种情况的发生，关键要在面试之前的步骤中，仔细地再一次检讨最初对自身优势的掌握。

以商业体系的框架展开思考，更便于追溯需要改善之源。

· 059 ·

希望探讨市场战略的基本面时，采用"3C"框架

麦肯锡自创的"3C"框架十分有名，我想大多数人都有所耳闻。

但是，如果没有按照指定的使用方法，就会得出错误的结果，希望大家注意。

"3C"取自于顾客（customer）、竞争对手（competitor）、公司（company）这三个要素的英文首字母，该框架是"通过分析自己公司现在所处的经营环境，灵活地开发经营课题、制定战略等"，并非单纯用于明确自己公司的情况。

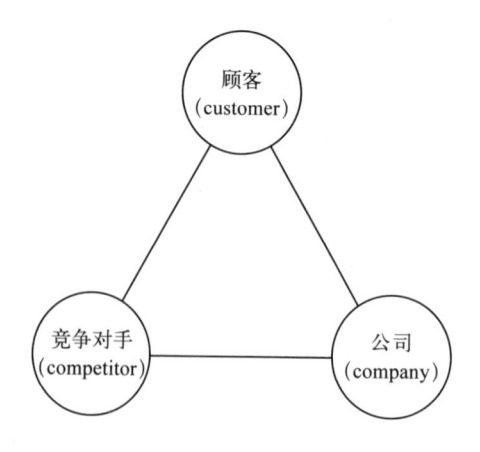

"3C"框架

特别讲
麦肯锡式分析框架的入门工具包

如果对此有所误解的话，即便煞费苦心地使用了"3C"框架，也会因采用失误的战略，竞争失败，无法招徕客户。

假设某家日本汽车制造商，以迄今为止在日本本国生产的热销小型汽车的改良型号为契机，采取了全面转向亚洲新兴国家生产的战略。制造商认为竞争车型尽管依然在日本国内生产，但成本优势依然存在，对客户而言也依然是省油小型车的首选，所以即便不再在国内生产，销量应该也会同之前一样。

但结果是，原本热销的车型曾经在每年的新车注册辆排名中位居前10，如今却跌出了前10名。客户认为亚洲新兴国家生产的物件在质量上低于国产车，所以被国产的竞争车型夺取了市场占有率。

尽管该事件只是一个案例，但如果使用"3C"框架，不将目光局限于公司，那么应当在探讨客户与竞争对手的意识、行动等之后，再决定自己公司的定位与行动。

如果将"3C"框架应用于转变职业，将会发现，只分析自己的履历或经验而制定的战略，也是无用功。

即便认为自己曾经创下的较高业绩是强项，并向目标公司如此介绍，但是对方重视的却是与顾客沟通的能力，这样也是不协

· 061 ·

调的。

即便对业绩十分自信,也不要推销此点,而是要暗示自己曾因重视与客户的沟通,提高了业绩的经历。

如上所述,使用"3C"框架这一基本工具有利于了解竞争对手与顾客的情况,保持自己战略的客观性。

希望重新评估组织时,采用"7S"框架

在为了应对事业与市场的变化而改变组织结构的时候,在重新考虑组织整体方向性的时候,将用到"7S"框架。

在企业等组织中,各种制度、战略、构造,以及各种人才观、价值观与技能等相互交错,共同作用。这些元素互相补充完善,在企业活动中,最终会形成企业文化或独特的氛围。

但是,一般情况下,大多数人对自己公司的这种状态都视而不见。

比如,外界评价自己的公司为"组织高效"或"谨慎可靠",但是本公司的人却无法明确地回答为什么,以及是因为什么样的结构才形成这种评价。

特别讲
麦肯锡式分析框架的入门工具包

在组织有效运转、业绩逐渐上升的时候，这也许不是一个问题，但是当业绩回落、组织无法发挥作用的时候，这便成了问题。如果无法了解如何重新评估组织的哪一方面，将对企业活动造成障碍。

此时，借助"7S"框架，将构成组织的要素分为"硬件"与"软件"加以分析，同时改善在硬件与软件中形成互补关系的要素，就能使组织运转恢复正常。

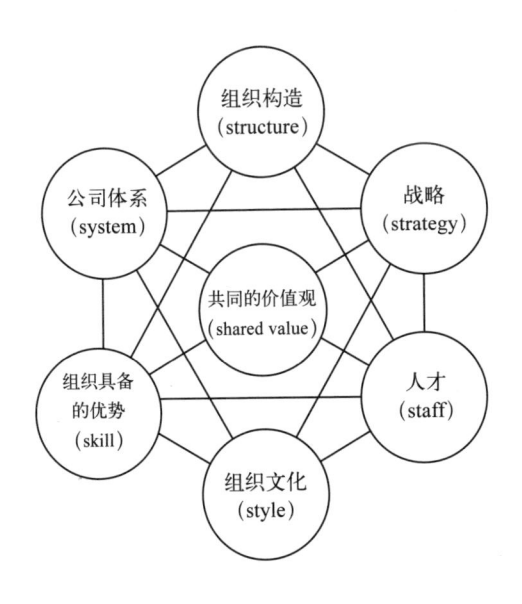

"7S"框架

组织改革中常犯的错误是，应对市场或事业战略的变化，虽然革新了硬件部分，却未能改变软件要素，结果导致陷入仅有组织名称发生变动但本质毫无改变的窘境。

利用"7S"框架能有效避免这类失败。

硬件与软件

硬件

　　战略（strategy）：打造开拓市场、增加占有率、削减成本、开发新产品等企业优势，定位企业方向性的活动及活动计划。

　　组织构造（structure）：规定组织形态与管理体制、明确部门间的任务划分等在完成事业时所必需的人力与物力的变动情况。

　　公司体系（system）：从业务操作到财务等事业必需的信息体系、经营计划及预算管理、决策结构、人事评定、聘用培养等结构。

软件

　　组织文化（style）：经营方式（上情下达，抑或下情上达)、公司风气（革新，抑或保守）、潜藏的企业文化及传统。

组织具备的优势（skill）：组织拥有的优越性（技术能力、开发能力、影响能力、经营能力及服务等）。

人才（staff）：拥有各种能力、经历、潜力的组织内部人才。

共同的价值观（shared value）：组织全体成员共有的理念、梦想、目标及开展事业活动时依据的价值观等。

该框架同样适用于转变职业或求职活动，以及调查目标企业的信息时。

如果自己属于下定决心就立刻付诸行动的类型，就应当核对自己选择的企业是否拥有独立自主的组织构造，以及高度放权的组织文化。

不知道该如何选择时，采用"位置矩阵"

"位置矩阵"指的是有助于明确"紧急、重要的事件"以及实践行动优先顺序的框架，它还有其他多种用途。

假设我们考虑将新商品或服务推向竞争激烈的市场，那么首先需要明确商品或服务的定位与形式。

我想大家都知道，无酒精饮料市场正在逐渐扩大。自从K公司推出无酒精啤酒之后，该市场开始活跃起来。许多竞争企业也开始发售无酒精啤酒味饮料。

其中，A公司正在为市场占有率无法提高这一问题而苦恼。此时再次探讨市场调查的数据与新产品的定位，可以发现以下问题："无酒精啤酒的口感不纯"、"无法品尝出啤酒的味道"等。尽管消费者抱怨颇多，但依然未出现回应这些声音的产品。

因此A公司开发了一种接近干啤口味的新产品，有益健康的无酒精啤酒"DryZero"。果断地舍弃造成口味不纯的麦汁，与天然质感相比，更重视啤酒口感，由此赢得了过去对无酒精啤酒不感兴趣的新消费者，增加了市场占有率。

并非所有的消费者都追求健康、天然，或多或少地也会有消费者追求刺激的啤酒口感。A公司正因为发现了这一点，填补了矩阵中尚未开发的位置，解决了提高市场占有率的问题。

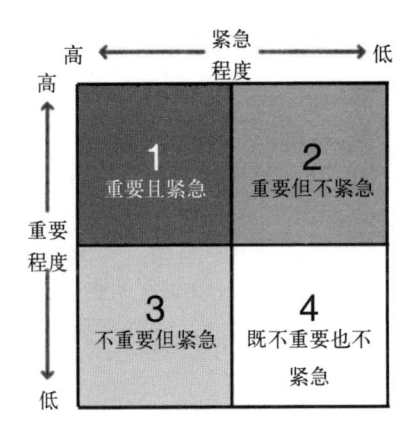

特别讲
麦肯锡式分析框架的入门工具包

```
          紧急
     高 ←――程度――→ 低
   高 ┌─────────┬─────────┐
   ↑ │    1    │    2    │
     │ 重要且紧急 │重要但不紧急│
  重要├─────────┼─────────┤
  程度│    3    │    4    │
     │不重要但紧急│既不重要也不│
   ↓ │         │  紧急    │
   低 └─────────┴─────────┘
```

位置矩阵

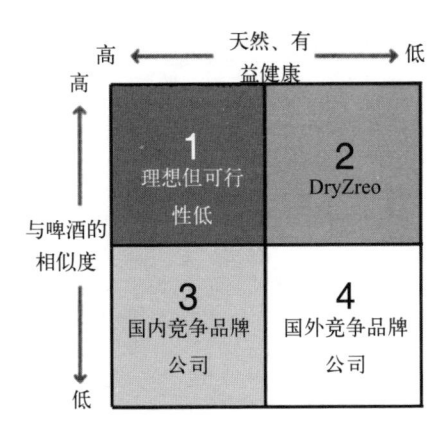

```
          天然、有
     高 ←―益健康―→ 低
   高 ┌─────────┬─────────┐
   ↑ │    1    │    2    │
     │理想但可行 │ DryZreo │
     │  性低    │         │
与啤酒的├────────┼─────────┤
 相似度│   3    │    4    │
     │国内竞争品牌│国外竞争品牌│
   ↓ │  公司   │   公司   │
   低 └─────────┴─────────┘
```

无酒精啤酒的定位案例

希望寻求解决问题的真正方法时，采用"逻辑树"框架

面对诸多疑问，为了顺利解决，应该核对哪些方面？应该采取什么样的行动呢？

为了系统地、不重不漏地分解整理问题，发现真正的要点与具体的解决方案，我们可以使用逻辑树框架。

比如在考虑"应不应该购买这辆车"或"应不应该与这个人结婚"等问题的时候，大家都是如何深入分析的呢？

大家也许会想"虽然我喜欢这辆车的外观设计，但内部设备还差一点"，或是"那个人面对面交谈的时候倒是很诚实，但是幽默感稍微有点……"，类似这样一点点回忆对照。

下图的逻辑树中分解了在购买电动汽车的时候应当探讨的问题。通过这样的分解，在购买的时候就能够不重不漏地进行探讨。

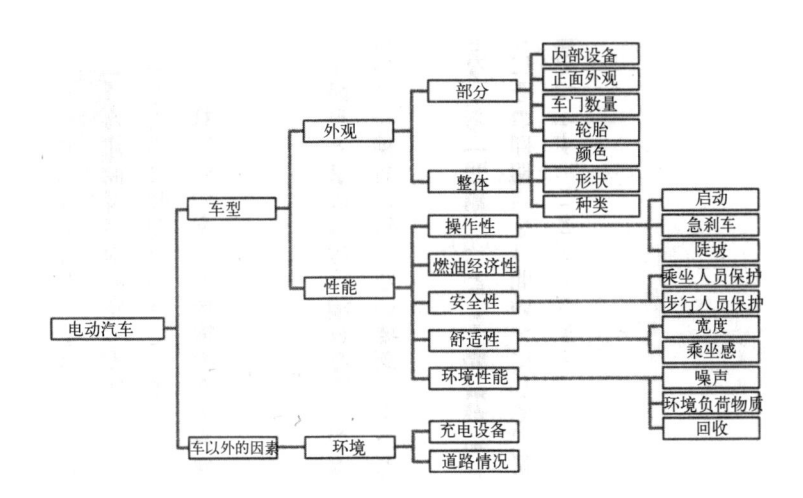

特别讲
麦肯锡式分析框架的入门工具包

```
电动汽车 ─┬─ 车型 ─┬─ 外观 ─┬─ 部分 ─┬─ 内部设备
          │        │        │        ├─ 正面外观
          │        │        │        ├─ 车门数量
          │        │        │        └─ 轮胎
          │        │        └─ 整体 ─┬─ 颜色
          │        │                 ├─ 形状
          │        │                 └─ 种类
          │        └─ 性能 ─┬─ 操作性 ─┬─ 启动
          │                 │           ├─ 急刹车
          │                 │           └─ 陡坡
          │                 ├─ 燃油经济性
          │                 ├─ 安全性 ─┬─ 乘坐人员保护
          │                 │          └─ 步行人员保护
          │                 ├─ 舒适性 ─┬─ 宽度
          │                 │          └─ 乘坐感
          │                 └─ 环境性能 ─┬─ 噪声
          │                              ├─ 环境负荷物质
          │                              └─ 回收
          └─ 车以外的因素 ─ 环境 ─┬─ 充电设备
                                  └─ 道路情况
```

讨论购买电动汽车的案例

如果是与朋友闲聊,没有必要做到逻辑缜密,但是如果是决定事业或人生的大事,或做巨额投资的决定时,随机的、突发奇想的研究方式将带来较大的风险。

随机的思考方式无法确认真正需要探讨或核对的所有项目是否都在表内。

而且,忽略了重要的因素,在不重要的方面浪费时间,以至于觉察到的时候,因为所剩时间有限,只能匆匆决定,这样有可能为日后埋下后悔的种子。

制作逻辑树框架的关键在于，时刻注意第一层与第二层的不重不漏，准确把握探讨该事时绝对不能忽略的因素。

如果在核对逻辑要素时，发现了可能成为问题点的因素，需要考虑今后能否解决这个问题，并将该问题点当作疑问，进一步展开逻辑树框架，击碎该问题。

マッキンゼー流
入社1年目問題解決の教科書

第3课
麦肯锡式处理信息的技巧

调查要基于原始材料

前文提到,一直追求尽善尽美地工作是麦肯锡式的工作方法。

那么,尽善尽美地工作指的是什么?

比如调查。项目的基本内容是与客户同心协力,严格保守秘密,处理原本不对外公开的客户原始数据,推进工作进展。

但是,即便如此,也会出现数据或信息不足的情况。这种时候,应该怎么办?答案当然是自力更生。

一般,提到数据或信息,大家都会联想到书籍、报纸、杂志或网络等媒体信息,但是这类信息都是经过某些人处理过的二手信息，所以其中可能含有遗漏或有意编辑的部分，因此仅供参考。

假若依据二手信息制定战略，那么如果信息本身就是错误的话，结果也不会可信。

所以，麦肯锡反复叮嘱员工，为了获取信息或数据，调查必须参照原始文本，到现场充分确认。

那么政府机构、智库、公益法人等发布的白皮书是不是原始文本呢？时间、场合不同，结果也会有微妙的变化。原因在于，如果没有确认信息加工过程或定义，就无法知道信息是否符合调查的目的。

麦肯锡并不将白皮书的内容称为信息。如果希望利用这些信息，麦肯锡的一贯作风是直接采访相关负责人。

我在从事商业分析的工作时，曾经申请采访一家团体，对方热情地接待了我。

结果我发现，社会上有许多疯狂的团体，即便是进行简单的交谈，也十分耗时耗力。

而且智库中也有像矢野经济研究所一样，积极调查新兴市场信息的机构。

这个时候，应该详细地询问这个新兴市场是如何形成的、市场的定义及其标准是什么等。

不原封不动地接受信息，自己直接前往信息发生的现场，可能会有意想不到的收获。

前文提到的验证采用新食材创立咖啡店营业模式的项目中，我们在体验店店铺内展开了问卷调查，但是仅说"请协助调查"，是行不通的。

我们前往现场的目的，并非只在于调查。

与店员一同接待店铺的顾客（当然要身穿咖啡店的工作服！），与顾客展开交谈，同时不动声色地观察顾客的行动或对话，这也是目的之一。按照字面的意思，从早晨开店到夜晚打烊，守在店中，通过接待顾客、与顾客交谈、观察顾客的行为举止，亲身感受现场。

"您好！今天是从哪里过来的啊？"

笑脸迎人，观察顾客的反应，积累原始的声音：为什么选择本店，而非其他饮食店？是因为想尝试这种食材吗？或者因为别的理由？

是的，就像警察的监视与审讯。

警察也不是只会漠然地执行任务。他们都是先建立起自己的一套调查假说，再进行审讯。我做的事情，与之相似。

比如为了在早晨招徕顾客，应该采用何种手段？我带着这个问题，若无其事地与顾客展开交谈，观察顾客，统计店铺前的人流量等数据。

通过这样直接收集客户信息，也有可能洞察顾客：一开始对新食材感兴趣吗？希望光临随处可坐的店铺吗？

这便是参照原始材料的意义。原始材料，也就是前往现场、亲自获取的信息。

将收集的顾客意见与接待顾客时的感触等第一手资料与调查数据相互结合，订立假说并加以验证，以便创造预料之外的价值。

此时，参考调查结果，我开始思考能否保持咖啡店的模式，同时灵活地借鉴便利店分店的战略。

激发我这个想法的是某一个智库发布的"便利店分店与人流量调查的关系式"。数量众多的便利店可以在同一条街道共存，原因在于人流量大。

光顾便利店的目的不在于光顾该店本身，而是为了满足日用品、早午饭等必然需求。

如字面意思所示，便利店是方便日常生活的场所，所以对顾客而言，最重要的是便利店要设在人群经常经过的街道沿线。

如此一来，店面门前的人流量越大，光顾店面的顾客也就越多，于是我便有了一个假设，即借助这个想法，开设咖啡店分店。

换言之，该假设是指如果新食材能够作为早餐或零食招徕顾客，那么便利店式的分店是否可行？

如果开设便利店模式的咖啡店，就可以不受周围饮食店竞争对手的影响。衡量标准的对象发生改变，也许可以进而增加一般咖啡店不提供的服务。

如上所述，参照原始材料有助于提高商业敏锐性，只关注一般的市场信息，是无法觉察到的。

换言之，参照原始材料，有利于保持较高的洞察力，发现平常不易发现的想法或假设。

有一次，我负责调查物流相关的问题，因为极度渴望获得某些数据，所以就前往某仓库，花了三天的时间坚持将仓库的出入库情况了解清楚。

虽然采用的是模拟式方法，但是为了获取原始信息，在判断哪个才是最为准确的数据时，要毫不犹豫地身体力行。

比如，为了获悉某食品厂家商品的市场价值，我曾经实地前往许多地区的超市或零售店，跟踪观察该商家如何排列商品、谁在什么时间购买商品，并环顾周边地区。

不仅如此，我还与客户代表同行，全面观察现场。

而且，与我一同进入公司的一名业务分析员，为了调查其所负责的住宅设备机器制造商的竞争产品，购买了该品牌产品，甚至加以拆解，调查其中的结构。

另外，为了食品厂家的客户而负责对饮用水进行市场调查的前辈，还曾经全部试饮客户的饮用水竞争产品，并加以分析。

因为我们知道，做到这个程度之后，就能够使眼睛看不到的数据浮出水面，而这些数据一定会提升工作价值。

性感地运用信息

在麦肯锡，会频繁地听到这样的对话："这样好性感啊"，"那样一点都不性感"。

不知情的人可能会觉得诧异。其实定要翻译的话，指的是拥有引人注目的能力。

为什么信息的处理方式与是否"性感"有关呢？因为，即便

第3课
麦肯锡式处理信息的技巧

是利用同样的信息,对是否具备高价值也会有不同的判断。

假如认为可口可乐公司饮料的竞争对手只有碳酸饮料的话,就不"性感"。也许茶和健康饮料也是竞争对手。这种思维方式下的信息处理就很"性感"。

实际上,在特定保健食品的范畴内,被认为能够抑制吸收食物脂肪的"保健可乐"也曾一度畅销。这在"可乐怎么会成为健康饮料"的思维定式下,是不会出现的。

我在接受麦肯锡的新人培训时,手机还不如现在这么普及。我曾经听到这么一段话:"按照写真机的思维销售照相机的话,是行不通的。从保存信息这个设想出发,请思考一下会发生什么事情?"

这可以说是附带照相机功能的现代智能手机的思维雏形。换言之,原封不动地仅仅分析眼前已有的信息或数据,是不"性感"的,不会产生新的价值。不仅需要分析,而且必须从中创造。这便是麦肯锡教给我们的。

在人们的印象中,麦肯锡的工作方式也许就是使用分析框架解决问题,但仅仅依靠框架是无法创造价值的。框架作为一种工具,确实经常被使用,但是如何处理从中获取的信息及知识,或者如何创造框架切入点，这些都是个人的见识。

前辈与上司经常教导我们："拿出好的咨询提案，关键在于思维。从哪一点着手突破，至关重要。"可以说，问题在于坐标的开展方式是否"性感"。

比如，经常将信息按照"位置矩阵"加以处理，但对于特定的客户而言，或许按照"喜恶"的坐标展开也许更利于创造价值。

"其实就是按照什么样的切入点划分人类的欲望。"

同期进入公司的一名商业分析员尝试定义某食材的市场划分的时候，曾经与我说过上面这句话。如何发现新的坐标？坐标能否令客户大吃一惊？思维能否为客户创造价值？这种思维的角度是十分重要的。

展示枯燥无味的数据是无法撼动人心的，也无法创造价值。

信息能否让人心跳加速，能否成为使人奋不顾身的"性感"信息，也是十分关键的。

第3课
麦肯锡式处理信息的技巧

风来时，做木桶的人将如何？①

单单从信息量上讲，实际上，一般的商务人士与咨询顾问在现代信息量、信息接触程度上，也许并无太大区别。

另外，即便使用各种框架，但如果只是将信息概括在框架内，也毫无价值。在已有的框架内整理相同的信息，得出的结果也未必会有太大区别。

关键的要素有很多，但较大的要素是"零设想的视角"与"思考意义"。

比如，为了向客户介绍各种人事制度，你需要分析有关人事制度的信息。

在这种情况下，不能仅对同一行业的人事制度加以比较，而应该尝试零设想。所谓零设想，如字面所示，就是放弃已有的想法，尝试崭新的想法。在这种情况下，可以按照赢利结构的不同对行业进行分类，再尝试分析各类人事制度中的关键要素。

---

① 日语中有"刮大风，桶店就赚钱"的谚语，刮大风，就会扬起灰尘；灰尘进入眼睛，就增加盲人，盲人弹三弦琴，所以制作三弦琴的猫皮需要量就增加，猫就减少了。猫少了，老鼠就增加，老鼠会咬桶，所以生意兴隆，能赚钱。引申义为：一件事情的发生可能对其他事情产生意想不到的影响。——译者注

类似医疗现场的抢救医疗团队,大部分依赖个人能力,每个人本身的存在十分重要,所以基本上都采取高待遇的年薪制。

另外,公共交通机构重视提供安全、稳定的运输服务,所以制定的人事制度应该是对组织能否提供安全、稳定的运输服务加以评价。这点很重要。

按照视角的不同将这类实例进行框架化整理之后,询问意义,如:"对贵公司而言,人事制度有什么意义?""应用哪一类实例的哪一个部分是有利的?"

从零设想的视角出发提出新的视角,从新视角出发提出合适的意见,这就是专业咨询人士的做法。

区别便在于,使用同一信息,是以"也有这种方法"结束,还是以"对您而言,也有具有这种意义的方法"结束。

"对您而言"这种着眼于对方利益的谈话方式,在很多场合下都可以使用。

一般对话结束时,如果提到"某人提到他在查找这类信息,我才灵光一闪",对对方而言同一信息的价值是不是就有了数倍的差异呢?

假设你是汽车销售人员,如果仅仅介绍希望销售的车的性能

第3课
麦肯锡式处理信息的技巧

或特征,大概很难吸引顾客订立合同。因为这类信息,顾客自己通过调查也能得知。

顾客心仪的车是什么样的?告知顾客自己销售的这款车的性能或特征是否符合这种预期,对于符合的部分,重点描述实际驾驶的感觉。这种方式,有可能为顾客带来有冲击力的信息。

如果你经常持有这样的疑问,比如"这个信息是通过零设想的视角整理出来的吗?","对谁而言,具有什么样的意义或价值?",那么传递信息的你就能赢得对方的喜爱。

这种思考方式也可以被称为"风吹过,制桶人的获利方式"。

通过现在的某种信息,可以解读对未来的影响。换言之,为了使对方完成自己希望达成的事情,而考虑如何使用现在的某种信息。

此处,关键不在于"会怎样",而是"希望怎样"。

如果只着眼于解决眼前的问题,那么即便风吹过,也只能想到"尘埃纷纷"或"好冷"之类的事情。

如果依照"希望怎样"来处理信息的话,比如希望未来可以扩大行李箱的销售量,那么风吹过说明今后会变得寒冷,变得寒冷就意味着人们希望去温暖的国家旅行,所以最终也许会得出"行李箱销量上升"的想法。

脱离眼前的问题，转向未来目标，解读或询问出乎意料的实例或故事，增加想法的储量。

这样一来，在风吹过的时候，开启意外联想开关的可能性将有所提高。

マッキンゼー流
入社1年目問題解決の教科書

第4课
麦肯锡式提高解决问题能力的思考方法

不要只从硬币的正反面考虑问题

在我们周围,每天都播放着各种各样的新闻。

也许大家很多时候会想,居然发生了这种事情,但是重要的事情还在后面。

试着形成以下思考问题的习惯:"这条新闻对自己、自己的工作或者客户而言,意味着什么?"

通过自问自答的训练,在发生问题时,便可以不慌不忙,采取必要的行动。

思考的顺序是:首先,思考从这件事情中可以学到什么,以及其带来的意义;其次,改变视角,按照"空·雨·伞"的逻辑,落实自己应当采取的行动。

需要注意的是不要从硬币的正反面进行思考。

比如，看到Ａ商品的销售额降低时，仅想到销售额降低，只要增加促销活动就可以了，这便是从硬币的正反面思考。

这样一来，就无法思考事情本身的意义与影响。

深入思考，领会问题的核心，或许可以得出以下结论：Ａ商品在市场上的作用逐渐减弱，所以将投入Ａ商品的经营资源完全转移至其他商品上，这样反而利于新的成长。

解决问题时不能只关注眼前，应当考虑到未来的走向。

并不拘泥于Ａ商品，而是关注今后市场的长远发展。这时，通过运用麦肯锡式的问题解决技巧与框架，便可以发现自己未能看到的选项。

这才是解决问题的价值。发掘可能性，是麦肯锡式问题解决技巧与框架的存在意义。

决不放弃的定力

从敏锐的切入口提出问题。顺乎逻辑的演示。

第4课
麦肯锡式提高解决问题能力的思考方法

这貌似符合麦肯锡式的问题解决方法,但实际上,客户评价越高的工作,逻辑的重要性越靠后。我这么说,大家是不是大吃一惊呢?

埋头解决问题时,思维高速运转,灵机一动加速问题解决的情况绝不少见。

分解与最初的闪念相关的步骤,逻辑必然成立,但是结果却未必可塑。

创建独立的假说,摆脱限制,采取零设想,发现可以将一般情况下认为毫无关系的信息串联起来的关键驱动,推导出答案,这才是麦肯锡式的问题解决方式。

问题解决的决定因素并非框架或逻辑(当然,这依然是必需的工具),而是竭尽全力、决不放弃的决心。

绝对不能满不在乎地使用逻辑推理,无意识地推导出答案。

使五感更敏锐

也许有人会想:虽然你这么说,但也许身处麦肯锡那样的特殊环境中,才会有那种灵机一动。但是我基本上可以肯定事实并非如此。

无论身处何种环境，都能够产生自己独有的灵感。唤醒五感，也有利于获得灵感。

有些人每天工作繁重，疲惫不堪，无法清晰地思考。我劝他们保证自己的睡眠时间。

你也许不以为然，但请先尝试一周，每天晚上 10 点就寝。如果可能的话，10 点之前更为理想。坚持三天之后，你整个人就会变得神清气爽、头脑清晰。也许你会在其他时间醒过来，但这并无大碍。

在凌晨 3~4 点自然醒来的话，就将这段时间当作自己的工作、学习或思考时间。

我想，这样可以感受到平常拖着疲惫的身体坚持到深夜，早晨身心疲惫地勉强起床的生活所感受不到的感觉。

这种感觉，便类似于头脑清晰、五感敏锐的感觉。归根结底，不要让自己身心疲惫，尽量早睡早起，这样五感才能更为敏锐，思维才能更为敏捷。

虽然我不清楚麦肯锡人是否意识到这点，但相对而言，猫头鹰型的人比比皆是。

第4课
麦肯锡式提高解决问题能力的思考方法

早晨，麦肯锡一般会召开早餐会议。我曾经与一位美国合伙人一起工作，经常从上午8点开始，一边品尝三明治、红茶或咖啡，一边集中精力展开一个小时的会议。我记得当时工作进展得十分顺利。

麦肯锡人也许认为，早晨思考问题的精力更为集中，更有利于拿出优良的成果。

看到这里，也许有人会说："一直加班到早晨5点，只睡了4个小时，浑身疲惫。但还是应该早起吧。"

休息还是十分重要的。身心得不到休息，疲惫不堪，感觉会变得迟钝，这样即便吸收再多的信息，自己的头脑也不会有任何回应。

在办公室碰到了许久没见的N前辈（麦肯锡内并没有部或科的组织结构，只有以项目为单位的团队，所以有时真的会好几个月都见不到），因为公司并购等艰难的项目忙得不可开交，看上去精疲力竭。我十分担心他，但意外的是，N前辈依然十分轻松。

我跑去询问N前辈，他的答复居然是："我开始冥想了啊。"

对于N前辈开始冥想，以及从事如此繁重的工作却依然轻松利落这两件事，我感到十分震惊。听他说，虽然工作量依然不变，但通过冥想，五感变得更加敏锐，思路变得更加清晰，也能够自动地细查信息的优劣，反而更加从容，也不再有之前的那种忙碌感了。

确实，如果思维变得迟钝，就会在无用的事情上苦思冥想，导致效率下降。

像N前辈这样，尝试冥想，也是唤醒五感、厘清思路的方法之一。

据说，史蒂夫·乔布斯生前，无论多么繁忙，都一定会在周六的早晨坐禅冥想。

正是因为繁忙，所以更要抽出厘清思路的时间。

边放松边集中

不疲于思考是提高思考质量至关重要的一点。

疲于思考的人，再怎么转动脑筋，也得不到好的结果，只会渐渐地陷入深渊。

这样一来，不仅整个人一直满怀焦虑，而且工作也会变得一片混乱。

第4课
麦肯锡式提高解决问题能力的思考方法

因为繁忙，所以无法顺利思考，但是正因为繁忙，所以更需要确保清晰的思考。反之，被繁忙所累，重要的事情与不重要的事情都会变得混杂凌乱。

在这种状态下，客户会不知其所以然，自己也会丧失信心，在越来越多的场合无法顺利地开展工作。

因此，放松并集中精力十分重要。实际上，不感到疲乏的时候，便能自然地集中精力，这正是大脑的特征。

换言之，要杜绝徒劳的思考。麦肯锡式的框架工具，对于避免徒劳思考，也卓有成效。

人们经常说"我太忙了，连思考的时间都没有了"，这其实是不对的。思考达到极致的时候，即便繁忙，也能瞬间辨别对自己重要的事情。

如果忙碌时仍能保持放松的状态，那么便可以自然而然地进行有效思考。

在一边放松一边集中精力的状态下，可以接受新的信息，自身也会有所触动，也更容易闪现灵感。

麦肯锡人都认可，使思维更加清晰是人生成功的关键。这点特别重要。

那么，应该怎样保持思维清晰呢？

每个人都有自己的方式，但是任何人都可以采用的简单且有效的方式是：首先要好好休息，排解身心的疲惫；然后是运动身体，单纯快乐地玩乐。

有些人跑步，有些人游泳、潜水或者坐禅。共同之处在于令自己愉悦，获得单纯的快乐。

记得在麦肯锡的时候，我每周与同事一起游泳 2~3 次。游泳的时候，我会渐渐从妄念中解脱出来，也摒弃了各种无用的杂念。身体的紧张感得以消除，整个人变得清爽无比。

大前先生也经常说："做些喜欢的事情，好好地玩乐。"大前先生自己也拥有许多爱好，比如演奏单簧管，享受只属于自己的时间。

毫无杂念地集中于某件事的时候，接近于一边放松一边集中精力的状态，这样便可以获得清晰的思维。

框架型的思考方法

杜绝徒劳的思考也是提升工作价值的关键。前文已经提及，

第4课
麦肯锡式提高解决问题能力的思考方法

麦肯锡的框架型思考方法便是一件有效的工具。

那么，为了杜绝徒劳的思考，如何使用框架呢？

麦肯锡有很多框架，但是考虑到杜绝徒劳思考的目的，即便不利用框架本身，仅进行框架式地思考，也能收获十足的价值。

首先，无论面对什么问题，在开始思考之前，首先制定目标。明确刻画出自己希望达到的状态以及发生的改变。

假设，开始思考为了准备跳槽，如何开展资格考试的学习一事。首先，自己最初的真正目的（希望达到的状态、希望发生的改变）不同，为资格考试所做的准备也应当有所不同。

如果希望迅速积累工作经验，首先可以想到的方式是主动进入该行业，一边工作，一边准备资格考试，也许这种方式还有助于获得切合实际工作的建议。

如果是为了增加未来的选项，也许应当探讨该资格证书能否为将来的人生计划或职业规划带来好处。

关键在于，思考不要局限于眼前的问题。比如上例中眼前的问题便是资格考试的准备方法。这确实是一个不得不解决的问题，但是正如在第1课中提到的，如果不能准确地掌握什么才是真正的问题，那么花费时间所考虑的有可能并非真正希望做的事情。

比如，取得资格证书并不是真正的目的，希望获得提升自己的武器才是真正问题所在。

取得资格证书之后，希望做什么？希望达到什么样的状态？在最开始便思考这些问题，就可以掌握真正的问题，杜绝徒劳的思考。

假设你能够把握自己真正的问题，那接下来要考虑有助于达到希望状态的方法，即如何才能拓展思维框架？

当思维变得如此具体的时候，实际上已经落实在框架上了。

也可以套用前文提及的"3C"分析框架。

如果想跳槽的话，自己的优势在哪里？希望就职的公司对员工的能力要求是什么？其他的跳槽者是如何成功跳槽到这家公司的？分析以上问题，便能明确地知道如何使自己的优势成为就职成功的关键。

超越自己的框架

有时，即便找到自身的关键优势，也尚不足以令你豁然开朗。

这种时候，由于已经清楚地知道自己的优势与成功的关键，

第4课
麦肯锡式提高解决问题能力的思考方法

可以尝试扩大可能性，换言之，看看是否可以用于其他途径。

此时最重要的是，根据自己希望达成什么目的、希望做什么等问题，灵活发挥自己的优势。如果你曾经从事营销工作，鉴于自己的营销经验与业绩，你清楚地知道自己的优势在于能准确发现客户的问题，那么也许你并非只能从事营销工作。你有可能会成为一名教师，因为擅长发现学生在学习上容易受到挫折的地方，可以极大地提高学生的学习能力。

这也是运用准确发现客户的问题这一能力的一种途径。

上述便是超越自己已有的职业框架，发散思维、挖掘新的可能性的过程。

但是此时，很多人只关心眼前的问题，无法拓展思维，尽管自己拥有独特的优势，却不能灵活运用，陷入懵懂迷茫的状态。

拓展思维的框架，的确有助于发现更好的可能性，这就是麦肯锡式的思考方法。

希望拓宽思维框架的人不在少数。但是，他们很多人根本就不清楚自己的框架是什么。

在拓展、突破框架的时候，如果压根儿就无法认识到自己的框架是什么，那么这件事情会变得尤其困难。

假设某人希望改善自己的人际交往能力。他利用逻辑树框架整理思路之后，发现真正的问题在于无法准确地向对方传达信息。

为了解决这个问题，他集中精力、深入思考自己无法准确向对方传达信息的原因，然后发现根源在于自己内心"不希望引发不和谐"的想法十分强烈。

在与对方交往的过程当中，因为不想引发不和谐，坚信沉默是金，所以才无法准确地向对方传达信息。

这种情况下的框架就是不希望引发不和谐的想法。只有自己意识到这个框架的存在，才有可能突破它。

但是，如果无法意识到观念或想法的框架，就无法突破或拓宽框架。

虽然嘴上说着想要获得成功、想要变得更优秀，但自己的内心却不由自主地认为也许自己没有那种本领，一旦有这种想法，那么在任何场合都无法达成心愿。原因在于，也许自己没有那种本领的框架，已经成了思维的障碍，阻挡了成功与进步。

认识到这种思维障碍并努力突破，便可以朝着更好的方向发展。看不见的框架也会对新的可能性的发现构成障碍。

事实上，在探索组织内部存在的问题时，也经常遇见类似的

第4课
麦肯锡式提高解决问题能力的思考方法

情况。在采访管理人员的时候,他们有时回答:"我们公司的员工,没有一个有干劲的。"这时,如何激发员工的动力是一个主要问题。

然而,这种看法不过是从管理层的框架出发,实际原因到底是什么呢?

在尝试对公司员工进行采访的时候发现,实际上是因为员工觉得自己与管理层之间存在沟通问题,对管理者没有好感。

所有人,包括我自己,都有一个自己独有的框架,我们应当时刻认识到自己及对方的框架。

因为,只有首先认识到自己的框架,才有可能突破框架,继而挖掘新的可能性。

至于如何突破自己的框架,我推荐一种较为简单的方法:有意识地改变自己的行为。

比如,平常不怎么吃日式点心的人,一定要试着购买一家老字号的日式点心。如果能够发现日式点心包装袋里的勺子不是常见的金属制勺子,而是木制勺子的话,就可以继续思考为什么日式点心需要使用木制勺子。

如此一来,在日常生活中有意识地突破自己的框架,便可以启发新的思维。

区分事实与意见

在与人交流的过程中，在有效拓展思维的时候，有一件值得关注的事情。

聆听别人的话虽然很重要，但在聆听的过程中容易被对方的话所牵引，导致自己的思路变得不清晰。

面对这种情况，麦肯锡教给大家一个分解思考的技巧。

这并非很困难，只需做到一边倾听对方，一边将对方的话分解为意见与事实。

比如，对方告诉你："我们公司开会很无聊，时间也很长。"你在与其交流的同时，在脑海中将其分类：这只是他个人的意见。

在此基础上，进一步询问他为什么会有这种感受。事实上，会议的内容几乎"全浪费在议题的陈述上，没有创新性的意见或提案"。你发现这才是事实，才是真正的问题所在。

如此一来，你便可以清晰地明白：时间的长短并不是问题，问题在于会议中没有涌现出创新性的讨论。

第4课
麦肯锡式提高解决问题能力的思考方法

反之,如果你断定"时间过长"才是问题所在,朝着缩短时间的方向考虑,那么你距离发现真正的问题会更加遥远。

或许,最初你感觉这完全像是在做思考的同声传译,颇费精力,但是随着经验的积累,在听取对方谈话的同时便能自觉完成大致的分类。

因此,在年轻的时候,尽可能倾听各式各样的人的谈话,然后在倾听的过程中,逐渐培养区分意见与事实的习惯。

一开始的时候,即便无法区分意见与事实,感觉不到明显的区别,也没有关系。一旦播下了分解思考的种子,接下来只需要静静灌溉。也许你会因为质疑为什么种子还没有发芽而停止自己正在进行的工作,也许你希望尝试这样那样不同的方法,但是一旦中途放弃,试图养成区分意见与事实习惯的幼芽也许再无破土之日。

发芽的时间因人而异,也因外部的刺激而异。从这层意义上讲,进入公司3~5年的人理应专注于不断完成眼前的工作,不断吐故纳新。

基于脑科学进行感性分析研究的黑川伊保子曾如此描述人类的思考与大脑的成长:

"人类的大脑在 50 岁中后期才成长为成熟的，也就是能够认识本质的大脑。为此，人们在 30 岁以前经历各种各样的选择，其中也包括痛苦的体验，并逐渐在大脑回路中构建优先顺序。"

正是得益于年轻时积攒的失败、辛苦、逆耳的忠告等林林总总的体验，在 50 岁成长为真正的成年人时，才能够自然而然地做出探究本质的思考与判断，树立良好的大局观念。

从疑问出发

如何才能获得成功？获得成功的关键是什么？为达到此目的，应该如何做？

请时时刻刻带着这些问题观察事物、展开思考！麦肯锡不厌其烦地为我们灌输这种思想。

大家是不是没有这么做呢？

假设，有一天你下定决心要购买一台平板电脑。于是，乘电车的时候你会不由自主地注意到平板电脑的广告，上网的时候总会有意无意地点击有关平板电脑的消息或网页上的横幅广告。

通过分析自己关注的重点，可以获得更多的信息，激发思维

第4课
麦肯锡式提高解决问题能力的思考方法

活动。

不过,我们不能直接以愿望为基准展开思考。请注意这一点。因为如果想要一台平板电脑仅仅是愿望,那么思维将无法正常运转,不能确定是否真正需要。

因此,需要将愿望转化为疑问。

想要一台平板电脑转化为是否应该购买一台平板电脑,从这个疑问开始展开思考与验证,便可以逐渐形成正确的判断。

以上过程被称为问题驱动,说成从疑问出发也许更便于理解,而且更接近实际。

无论是在日常生活,还是在工作之中,如果培养了一切思考都从疑问出发的习惯,那么即便是自身的问题,也可以很容易地做出客观的思考与判断。

原因在于提出的疑问中包含"是"与"否"的情况,在当时当地才能够进行不失偏颇的、公正的思考。比如,在考虑开拓印度市场这一问题的时候,不应从"希望开拓"的想法出发,而应从"是否应该开拓"的疑问出发,展开思考。

只有采用从疑问出发的思考方式,才能更好地发挥各种框架的作用。换言之,心中没有疑问,即便运用分析框架,也无法弄清楚自己到底希望达到什么目的。

演示亦是如此。虽然逻辑严谨，也经过了框架式的分析，但是听众仍感觉不知所云，就是因为演示者忘了从疑问出发。

疑问的核心是什么？

提出疑问的时候，需要注意以下两点。

第一，使疑问做到"一言以蔽之"。

平板电脑貌似很流行，但是更方便做什么事情呢？我比较关心液晶屏幕的大小，但是自己能不能运用自如呢？而且，我也不知道应该选哪一个型号，是购买朋友推荐的那一种，还是等待新款上市呢？

在上述疑问之中，我们无法分辨此人最在意的是什么。

从不能一言以蔽之的疑问出发开始的焦思苦虑，其思维较为分散，也无法依据最终得出的结论采取行动。

疑问复杂或不得要领，意味着该疑问尚未切中问题的实质。

如果思维本身很清晰，那么疑问本身也会简洁有力。

如果无法做到用一句话概括自己现在抱有的疑问，那么请继续详细地审视疑问，考虑什么才是最为重要的问题。

为了抓住疑问的核心，应当如何做？

方法有许多种，其中较为简便的是，一定要有条不紊地思考疑问之中最关键的是什么。

比如，坐在前往拜访客户的电车上的时候，通过思考"对于接下来要拜访的A公司而言，至关重要的问题是什么"，从而清晰地把握疑问的核心。

我推荐这个方法是因为它无须任何工具，随时随地都可以进行。抓住了疑问的核心，在拜访客户的时候才可以把握关键的问题，以便达成拜访的目的。

除此之外，为了抓住疑问的核心，另一种有效的方法是在自己的头脑中尝试提问："如何用一句话概括所读书籍的内容？"

抓住疑问的核心，还与提出高质量的问题息息相关。在工作中，向客户提出的问题决定了能否掌握客户真正的问题。

有助于抓住疑问核心的好问题

为了抓住疑问的核心，提出高质量的问题至关重要。看到这句话，或许有人会感到疑惑："什么才是高质量的问题呢？"

场合不同，对高质量的问题的定义也不同，但是我认为提出高质量的问题需要暂且将评价搁置一边，尝试以学习的态度与对方交流。

一开始便认定事情肯定是这样子的，继而遵循自己希望得到的回答提出问题的话，将无法接近疑问的核心。

拒绝断言，带着从对方身上学习的态度提出疑问，那么之前遗漏的事项或者与新的可能性相关的关键词可能会浮现出来。

人们如果凭借对方的询问，才重新认识到某件事情的重要性，会对询问自己的人产生亲密感与信赖感，进而将其视为工作或解决问题的伙伴，希望更积极地与此人交流信息。最后，不仅能抓住疑问的核心，也能够得到高价值的信息。

◎ 提出高质量问题的基本态度：

- 注意对方的反应
- 带着单纯的好奇心倾听（暂且将自己的想法与考虑搁置一边）
- 不要评价对方的言论与想法
- 重视简单的疑问并展开询问

第4课
麦肯锡式提高解决问题能力的思考方法

- 深入地思考与观察

◎改变视角的问题，比如：

- 如果你是顾客，希望怎么做？

- 如果你现在正在工作，你认为自己会在做什么？

- 从整个人生的角度看，这件事情的重要程度有多大？

◎探索原因的问题，比如：

- 在整个过程当中，哪个环节让你感受到了压力？

- 在如今所处的环境中，哪些方面让自己感到身心愉悦？

- 尽管想做却并未实际去做的是什么事情？

◎认识对方价值的问题，比如：

- 什么时候，你会感到满足？

- 对你而言，至关重要且无可取代的事物是什么？

- 你如何在一天之内花掉100万日元？

对是否真实发出疑问

提出疑问时另一件关键的事情便是，该疑问是否真实？

也许有人怀疑疑问是否存在真实与虚假之分，答案是肯定的。

所谓虚假的疑问，指的是原本无须在此时探讨，或者根本就不存在答案的疑问。

而且，比较棘手的是，有些疑问看上去很真实，其实是虚假的，所以需要格外注意。

在日常生活中，大家也许会碰到朋友前来商量下述问题的情况。

"我最近很在意自己的体重，所以要去健身房减肥，你觉得Ａ或Ｂ哪家健身房比较好？"

这种场合下，"应该去Ａ或Ｂ当中的哪家健身房"便是希望商量的疑问。但是，真正的问题其实是在意自己的体重。

如果是这样的话，实际的问题也许在于饮食的不均衡，也许在于生活的不规律，而并非仅仅缺乏运动。

也就是说，在着手解决"应该去Ａ或Ｂ当中的哪家健身房"的疑问之前，有必要调查更为根本的问题：为什么最近开始在意体重了，具体的体重变化是多少，是否还有其他在意的事情？

如果在身体健康方面还有其他令人在意的变化，那么就需要将"应该去Ａ或Ｂ当中的哪家健身房"的虚假疑问，转变为"是

第4课
麦肯锡式提高解决问题能力的思考方法

否应当接受全面体检"的真实疑问。

在工作场合中，有必要培养在面临疑问时甄别该疑问是否真实的习惯，不要草率行事，盲目思考。

我在麦肯锡工作的时候，曾经参与了为一家消费品生产公司制定食品经营战略的项目。

公司的出发点是如何重新制定销售战略、超越竞争产品这一疑问，但我还是决定前往销售现场，判断该疑问是否真实。

我与消费品生产公司的工作人员一同前往，拜访了超市合作方，出席了真实的商业谈判现场，然后前往卖场，观察该产品的顾客群以及他们的购买方式。

这种时候，一定不要走马观花，应当做到有目的的观察。

购买该产品的顾客是毫不犹豫地取下这件产品，还是先与竞争产品做了比较？在比较的时候都比较了哪些方面？同时购买了其他什么产品？此时应当带着这些疑问进行观察。

在观察的过程中，我逐渐发现，消费者是否选择该产品的关键要素在于价格。消费者并未过多关注包括竞争产品在内的同类产品的差异，大多数人只是在挑选价格较为低廉的产品。

如果是这样的话，即便投入资金开展促销活动，也只能获得一时的成效。换言之，我认为将疑问从"如何制定销售战略"转变为"如何筹集资金，用来降低成本，继而降低产品价格"，也许更有利于扩大销售规模。

当时我灵机一动，想到是否可以通过从根本上削减物流成本，来实现降低销售成本的目的。

如果最初设定的疑问存在偏差，那么推导出的解决方案也会产生谬误。正因此，明确真正的疑问十分重要。

勿忘全局

假设大家看到了一则关于汽车销售量下跌的新闻。

"果然是这样呀，现在已经是环保时代，油价又那么高，所以人们渐渐远离汽车了。"

大家也许都会这么想。但是，就汽车的整体市场而言，即便是在远离汽车的潮流下，依然存在一些销售量保持增长的厂家。

混合动力型汽车自然不必说。还有小型货车，车身较高且带有滑动门，使得车内较为宽敞。备受资深运动爱好者欢迎的运动车型等同样畅销不衰。

第4课
麦肯锡式提高解决问题能力的思考方法

换言之,并不能断言汽车行业完全陷入滞销的困境。

只见眼前的树木,不见汽车整个行业的森林,就无法看到运动车型在运动爱好者的市场上保持畅销的事实。

仅凭自身接触到的有关汽车销售量下跌的消息进行判断,会导致对整体汽车市场的错误理解,甚至也许会因此错失商机。

乘坐运动型汽车的运动爱好者大都崇尚物质享受。那么,我们便可以联想到运动型汽车的关联产品市场也具备不可忽视的潜力。

但是,只关注眼前汽车市场规模的缩小,便否定了所有的可能性,这是视野过于狭窄的体现。

如上所述,从全局出发观察事物,提高立足点,开阔视野,也是麦肯锡再三强调的注意事项。

如今更是如此,可以说,具备全球化的视角是不可或缺的。

麦肯锡是一家结构紧密的公司,其运转模式便是将全球各地的办公室视为"One Firm"。因此毋庸置疑,麦肯锡拥有全球化的全局观。

也许正是因为这个原因,麦肯锡才能自然而然地传授超越国家与地域限制的思考方式。

我曾经协助过一个为大前研一先生实施的搞活关西地区规划提供建议的项目。大前先生列举了格拉斯哥与新加坡的案例，同时建议关西不要只关注日本国内市场，而应当尝试转换思维模式，放眼中国乃至整个亚洲市场。看到这句提议的时候，我有一种茅塞顿开的感觉。

确实如此。大前先生也曾对我说："你可以反过来看一看日本地图。"

从日本的角度出发，理所当然地认为日本的西边是中国和亚洲其他各国。

但是如果将地图反过来，从中国与亚洲其他各国的角度看日本，那么距离这些国家最近的无疑就是关西。

也就是说，关西距离亚洲其他国家比较近，不应只考虑日本国内市场，而应当具备如何与中国及亚洲其他国家市场联系起来的视角。

以上也是从全局出发思考问题的一个案例。

继续发散这种思维，还可以发掘出另一种商业模式，即先在海外取得成功，然后再回到日本国内，而不是在国内赢得市场之后再向海外拓展。

也许有人感觉工作遇到了瓶颈，那么也许此时可以当机立断地离开日本，去海外进行尝试。

试试"电梯测试"

能否站在更广阔的视角抓住疑问的核心？

仅凭自己头脑中的思索尚不能回答上述问题的时候，试试把自己认为的疑问核心向其他人描述一番吧。

要点在于能否在 30 秒内完成描述。前文也曾提到，真正的问题都很简洁。如果不得不对问题加以冗长拖沓的解释，就说明你还没有抓住疑问的核心。

这种情况下，我希望大家尝试一下被称为"电梯测试"的即时演示。

如字面所示，在电梯升降的极短时间内（30 秒左右），用一句话向对方传达疑问的核心。

也许大家会觉得不可能。不过，请大家回想一下，与陌生人同乘一部电梯时，会感觉那段时间十分漫长。因此，30 秒其实并非大家所想的那般短暂。30 秒可以播放两则时长为 15 秒的商业广告，所以如果确实抓住了疑问的核心，理应可以做到在 30 秒内向对方有效地传达信息。

无论对方的负责人或上司多么繁忙，也不可能连 30 秒钟都没有吧。

如果可以在这段时间内传达关键的信息，对双方而言都有利。

"关于 A 公司的新商品提案，结算价格是交易成功的关键。因此我们想就 10% 的价格调整展开讨论，可否在部门之间进行调整？"

就像这样，简洁有力地展示包含问题点、解决方案和实施办法在内的疑问的核心，对方便可以立即做出判断。

如果可以顺利地得到对方的回复，就证明切实抓住了疑问的核心。

也可以将其运用在会议期间。与会人员可以根据议题或主题，事先将包含问题点、解决方案和实施办法在内的疑问核心写在便笺纸上，以此为中心展开议论。

在厘清思绪的前提下采取行动是决定成果的关键。

仅仅通过培养抓住疑问的核心之后再采取行动的习惯，便可以创造更高的价值。

マッキンゼー流
入社1年目問題解決の教科書

第5课
麦肯锡式提高自身能力的方法

发挥自己的存在价值

人们对麦肯锡这样的公司也许抱有类似的印象：所有人都干脆利落，绝不做无用功，不依赖他人，行动完美，冷静从容，就像电影《黑客帝国》中的特工们一样。

但是，事实完全不是这样。

当然，因为公司在工作方面一直追求最高的质量，所以我认为从个人角度来看，大多数人都有大智若愚的一面，有自身的人格魅力。

个体没有被组织埋没，可以显著地突出每一个人的存在感，我想这也是麦肯锡的独特之处。

本书开篇也提及,这个特征的背后,也许是这样一个事实:许多进入公司3~5年的人可以在自己想做的工作上实现独立,因为大多数人都一直有意识地思考如何提高并且发挥自己的存在价值。

我并不希望马上独立,也没有担任管理职位,所以发挥自己存在价值的方法与我无关?其实不然。

如今,无论身处哪一个组织,都无法预测将来会发生怎样的变动。也许某一天,将不得不在焕然一新的环境中开展截然不同的工作。

此时,无论身处何地,无论状态如何,都可以确立自身的地位、发挥自己存在价值的人,便可以做到独树一帜。

我在麦肯锡工作的时候,最初也没有意识到需要发挥自己的存在价值,但是周围的人追求高水准的动力十分旺盛,我大概是被这种动力感染了吧。

工作与私人生活没有明显的界线,阅读包括哲学、经济学在内等各类学科书籍的人比比皆是,所以我也购买了大量的书籍,也曾经与同事彻夜讨论。

置身于这样的环境之中,不知不觉地便可以汲取各种知识,

第5课
麦肯锡式提高自身能力的方法

提高自身的能力。

通过某件事情提高自己的存在价值,成为不可或缺的一分子。那么,我自己应当在哪一方面提高自己的存在价值,成为大家所需要的人呢?我在工作的同时,不知不觉地开始思考这些问题。

假设,麦肯锡设有调查专员的岗位,但是当时负责汇总调查结果的一位前辈能力十分突出,无人能敌。

他是收集信息的高手。凡是关于调查的问题,他几乎无所不知,是所有人依赖的咨询对象。

或许可以说,我切实感受到自己的优势与自身的能力所在,实际上是在离开麦肯锡,跳槽到人事组织系统的咨询公司沃森·怀亚特之后。

与客户交谈的时候,或者为沃森·怀亚特公司时任法人代表高桥俊介先生(现为庆应义塾大学SFC研究所首席研究员)负责的客户整理资料的时候,被问到哪一点最重要时,我可以不假思索地回答出疑问的核心。这种经历使我准确地捕捉到了自己的个人价值。

而且,现在我是一名独立的咨询专家,在受托协助各类组织解决问题的时候，也会在工作场合中显露出自己的优势。

即便讨论过程中将意见与事实混为一体，我也可以锁定疑问的核心，明确每一个参与讨论的人的职责。然后，发挥每一个人的优势，组建一个能够解决问题的团队。

可以说，这些能力都是在麦肯锡时锤炼出来的。

当然，前文所描述的优势或自身能力只是我的一个个例，大家必然各有所长。我希望大家一定要明确自己的优势。

请大家准确地把握自己的个性与特质，以及擅长的事情，也可以听取同事、前辈或朋友的意见。至于如何发挥这种优势，应当反复思考。如果有导师，也可以与导师探讨。

我们总是不自觉地希望成为获得自己缺失的性格的人。比如，成熟的人羡慕性格开朗活泼的人，希望变成那类人。而开朗活泼的人，有时也会被成熟的人身上那种稳重的魅力所折服，渴望变得更加稳重。但是，要获得自己缺失的性格，是十分困难的。

应当努力发挥自己固有的优点与长处。否则，好不容易积攒的经验与花费的时间岂不付诸东流了吗？

不要试图改变自己，成为别人。不断提高原本的自己，才能赢到最后，获得最大的回报。

第5课
麦肯锡式提高自身能力的方法

审视自己的外表与内在

外表十分重要。

这绝非暗示大家过分地装饰外表。这里的注重外表，指的是应当重视将内在东西展现出来。

麦肯锡人给人们留下的印象是干练、充满活力。至于这种印象从何而来，我认为实质上是由内而发的。

当然，他们随身携带的物品或装饰品大都比较高档，但是任何一个佩戴这些饰物的人看起来都像麦肯锡人吗？并非如此吧。

我认为，正是因为自己内在的思维方式、对人生的感悟、观念等要素都追求至上，都以完成最高质量的工作为目标，与体现这些品质的高档饰品产生了共鸣，所以自然而然地便希望佩戴或携带它们，这才是真正的原因。外表也因此自然而然地得到了提升。

换言之，只有自己的内在充实丰满，才能在外表上有所体现。

反过来讲，外表看起来颓废，或者令人敬而远之，大多源于内在能量的薄弱，或对事物的消极态度。

这种情况下，几乎可以断定此人思维并不清晰，无法做出准确判断。

处于这种状态，即便可以顺利解决的事情也会变得难以开展。

所以，外表的重要性也体现在它是保持自己良好的状态，即维持思维清晰的"晴雨表"。

应该如何积累自己的内在能量呢？

也许有人会提出这样的疑问。的确，有时候仅凭一己之力确实难以扩充自己的内在能量。

我自己平时注意早睡早起、晨起散步、练习瑜伽、健康饮食等。这样可以有效地补充能量。通过注意这些事项，使自己的内在保持清醒，思维也会变得清晰明朗。

另外，如果希望自己的思维更加清晰，可以毅然从日常环境中抽身，投入大自然的怀抱，在大自然中悠闲地生活，即便仅有数日。

或是赤脚走在泥土小道上，或是帮着插秧，踏足田地之间。

如此便可以感受到在日常生活或工作中无法体会到的情调：土壤的柔软与温暖，风的味道，各种生物的气息……唤醒五感，感受自己活跃的生命力。

第5课
麦肯锡式提高自身能力的方法

尤其是无须自己努力去体会或吸收,便可以感受到一股源源不断地涌向自己、让内心更加坚强有力的自然气息。

这样,在亲密接触了大自然之后,经过反复的思考,以往无法妥善解决的问题,都将发生改变。

我一直觉得,人类便是这样成长起来的。

如果将搭上箭的弦拉满,只需松开拉弦的手,箭便会飞奔出去。正如这离弦之箭一般,如果自己的内在充满了能量,那么只需放手工作,自己的存在感自然便会散发出来。

假如遇到经过许多努力与尝试仍然无法顺利解决的问题,也许是因为自己的内在还没有积累足够的能量。着手解决某件事情的时候,请务必清楚地辨别自己的能量是否足够。如果保持充足的能量,思维自然就会变得清晰,外表也会显得活力四射,散发出魅力。

我认为,有时候也需要像上述那样,从内在与外在两个方面客观地审视自己。

携带简单的工具

尤其对商务人士而言，随身携带的物品可以彰显自己的存在感。

比如笔记本。也许大家对麦肯锡人使用什么样的笔记本颇感兴趣，但出乎意料的是，大多数人用的只是普通的笔记本。

他们对钢笔比较挑剔，但是几乎没有人在意笔记本。

我曾想过其中的原因，结论正如将思维简化一样，笔记本的样子或记笔记的方式并不重要，关键是帮助自己逼近疑问的核心。

我对笔记本的要求也是尽量便于自己整理思绪，逼近疑问的核心，产生高价值的创意。因此，我也将自己的想法全部记录在同一本笔记本上。

也可以记在按主题分类的不同的笔记本上，但最终也不会重复翻阅这么多笔记本，随身携带也不方便。若是因此不再使用这些笔记本的话，还不如最初便只准备一本。

与其花费时间与精力借助工具对信息加以分类，不如全面地吸收所获取的有效信息，构建一个数据库。这正是麦肯锡式的做法。

第5课
麦肯锡式提高自身能力的方法

所以，留在笔记本上的自然都是真正需要的信息。"留在"笔记本上并不是目的，"一边记录一边自我吸收"才是目的。

记录在笔记本上的同时，展开框架式的思考，对有利于获取创造性成果的线索加以整理。另外，在一边听取对方谈话、一边做笔记的时候，还可以采取将事实与意见分成两段记录等方法。如果也将存疑之处记下来，那么笔记本将不再仅仅是为了记录，而成了深入思考的工具。

前不久，"选择纠结症"这个词风靡一时。不过，我认为大家理应认识到，所谓的无用之物是包括信息在内，自己根本不会使用或持有的东西。

在麦肯锡这样的咨询公司工作，资料和信息量已经呈指数增长了。

彼时不可或缺、将来也一直必不可少的信息或工具应当还是少数。而且，既然现在已经是云环境，即便自己并未储存，也可以在需要的时候轻而易举地获得这些信息。

携带的工具与储存的信息都应尽量简单，因为，只有具备这样的认知，才能够保持清晰的思维。

如果拥有过多的物品或信息，会渐渐被无用之物拖累，以致丧失清晰的思维。

考虑的信息或事情过多,思绪也会随之变得繁杂。从物理学的角度看,携带过多的物品,也难以敏捷地展开行动。

也许需要这个,也许不需要那个……在如此犹豫不决的时候,判断力也会减弱。

所以,请大家注意将物品与信息最大限度地简化。另外,也请大家携带高质量的工作用品,采纳优质的信息。换言之,努力营造一个有助于自我提升的环境。

高档且具备正能量的物品,原本就拥有磨砺之后的优越感与存在感。

在日常生活中,尽可能地从类似的优质物品中汲取优质能量,提升自己的认知。这绝非主张奢侈浪费,而是建议大家平时多接触一些可以鼓舞人心或引导构思的物品。

拥有榜样

对大家而言,是否存在这样的一个人?他(她)是你追随的对象,或者对你关怀备至。

第5课
麦肯锡式提高自身能力的方法

麦肯锡虽然是一个在自己的工作上绝不妥协、永远追求卓越的专家团队，但是事实上，大多数人都有可以指导自己工作的师傅，或是遇事可以随时商量的导师。

当时，我也有一位堪称自己师傅的前辈。首先，寻找一位让自己觉得"这个人好厉害"的前辈，然后观察这位前辈平时是如何展开工作的，都做了哪些事情，并努力学习其精华。

我总是一有机会就同当时担任经理的一位前辈探讨项目问题或开展工作的方法等。那位前辈也精通金融知识，我经常参考并模仿他与同事报告、联络、商讨的方法，以及定期率先提交笔记与资料的方法。

这里提及的笔记，指的是在一张纸上，将调查目的写在第一行，将现在的进展情况逐条记录，再添加今后的开展方法，然后将其与资料装订在一起，放在同事的办公桌上。即便在离开麦肯锡之后，这个方法对于与忙碌的人共享信息，也是十分有效的。

所谓咨询，即如何发挥人的智慧，但是仅凭一人，难以保证智慧的充分发挥。正因此，才应当主动与上司、前辈、同事交流，集中公司内部的智慧。

如果遇到某一领域内不清楚的问题，就去询问一下精通这个领域的人。在麦肯锡，经常有人带着这种轻松的想法，与原本互不相识的人展开讨论。

如今，对直接交流迟疑不决的人貌似不在少数。要是被对方嘲笑怎么办？我可不想被对方冷淡对待。自己先给对方设定了一个消极的印象，才会对请教他人一事踌躇不定。

这种时候，应该怎么办呢？

并不需要大费周折，单纯地向对方请教即可。也许大家会觉得惊奇，但是人们总是难以拒绝没有其他企图、以开放的心态向自己请教的人。

即便内心觉得有些麻烦，但最终还是决定听听他问什么吧。

关键在于不给对方增添负担，以轻松的心态主动提出请求。

假如自己向对方提出一些微小且易办（如借阅资料等）的要求，对方随口便会答应。

如此一来，给予自己小恩惠的人会希望给予自己更多的恩惠，比如，"这些就够了吗？要不然，你把这些资料也带走吧，或许有参考价值"。

心理学将人类的这种特征命名为"富兰克林效应"。由政治家本杰明·富兰克林提出，意思是"对某人施以恩惠的人，会希望给予对方更多的恩惠"。

不做评判

无论是在请教别人,还是为了收集信息进行采访的时候,有一点共通的注意事项,就是"顺从"地听人讲话。

也许有人会想:啊,这与经常一边分解思考、一边聆听对方讲话的逻辑好像存在矛盾吧。其实不然。

此处的顺从,并非不进行逻辑思考,而是一开始不要产生"这个人的话好难懂"、"没怎么听说过这一点"、"好像不太重要"等主观想法,强加评判。

自己身边的人、物、信息等都存在无限的可能性,持有这种中肯的观点,有利于开展零设想。

即便是失败,也包含着诸多的可能性。

大家经常会有这样的体验:即便事情看似已经失败,但实际上事后回顾的时候,反而会庆幸"幸亏当时做了那件事",使得结果朝向好的方向发展。关键在于失败之后,不做评判,而是尝试思索这些看似失败的事情是否可以带来其他的正面影响,以及其中蕴含的可能性。一开始避免一锤定音与主观评判，保持顺从，是十分重要的。

我在加入麦肯锡第二年的时候，经历了一件事情，深刻地意识到了顺从的重要性。当时，因为项目要求，需要分析企业价值，不得不涉及金融领域，虽然我极不情愿，但也无计可施。

"我根本不会处理这些！我在这样的工作中无法创造价值。"我在对自己加以评判之后，找到经理，希望他允许我退出这个项目。

于是，经理对我说了这样一番话："先别管这些，集中精力做眼前的工作！不要胡思乱想。说不定什么时候，这种做法就会给你带来帮助。"

想必经理也是因为经历过类似的事情，才对我说了这番话。现在回想起来，有些不理解为什么当时觉得那么困难，但更多的是庆幸自己没有逃离那些与金融相关的工作。

正是得益于在我经验尚浅的时候，被直接委派负责经营分析的工作，如今在咨询过程中，即便是面临与经营相关的大量数据，我也能够从这些数据中发现主要的财务问题。

也就是说，因为了解经营的关键要素——现金流，继而可以与各种状况或问题联系起来展开思考，所以能够与客户的管理层站在同一视角分析问题,这种做法也有利于提升信赖感。

如果在查看客户的财务报表之后,依然不能发现问题点,那么即使提出种种建议方案,也无非是夸夸其谈,无法赢得客户的信赖。

假如大家在工作上面临相当棘手的问题,可以尝试自己向自己提问:"这是好机会啊!从这个机会中,我可以学到什么呢?"

这必然会为今后的发展带来举足轻重的影响。

每月与前辈吃一顿午餐,而非晚餐

正如航行中的船只依赖灯塔的光亮指明道路,我们也需要确认自己的工作进展方法与自己所处的位置。

"可以沿用现在的处事方法吗?""与自己追求的目标相比,现在的自己如何呢?"

在公司内外如有一位如同教练或导师一般的人,可以与其探讨这些问题。这对于体现自己的存在感而言,极为重要。

我在麦肯锡的时候,也定期与这些教练、导师见面,征求他们的建议。

建议见面选在午餐时间，AA制，边吃边聊，一个小时左右。彼此畅谈之后，可以理顺许多复杂的事情。如果选在晚餐时段，不仅需要特意调整时间，而且总感觉略显沉闷。

我自己经常在准备资料的时候，与前辈展开详尽的讨论："我现在是这么假定的，您觉得怎么样？"

如果讨论的主题比较明确，不仅对方很容易参与其中，而且双方都可以展开一系列的思考，不会浪费时间。

有一次，我在午餐时与前辈讨论工作展开方式，对方的一席话令我茅塞顿开。他教导我说：

"搭档拜托自己整理资料的时候，不是单单把资料整理好就大功告成了。搭档为什么需要这些资料？他需要这些资料的背景是什么？目的是什么？要从这些角度出发，好好考虑。"

比如，在为电气行业的Ａ公司准备的资料中，不仅应当涉及Ａ公司所处的行业背景的分析，最好也包括对于竞争对手扩展经营战略的调查。在准备资料的时候，关键是要考虑到在与销售方会谈时，携带哪些资料更有利于与客户展开交谈。这样也会给对方带来更高的价值。

マッキンゼー流
入社1年目問題解決の教科書

第6课
麦肯锡式创造成果的能力

在限定时间内取得成果

提及日本公司中的合作团队,大家的脑海中也许会浮现出在某一时段内,以部或科等为单位,共同展开工作的一组成员。

麦肯锡团队的主要特征是不固定,根据项目指派数名成员组成临时团队。

或许大家会想:对彼此的性格脾气毫不熟悉,岂不是很麻烦?但事实上,就当今时代而言,不为环境所左右、尽力履行自己的职责是一项必须加以锻炼、不可或缺的工作技能。

首先,也许需要锻炼忍耐孤独的意志。

这听起来或许像玩笑话,但事实确实如此。即便没有一位上司时刻对自己下达不厌其详的指示，也应该取得满意的成果。

在这个过程中，即便遇到困境或难题，也可以自己寻找解决方法，自己提出解决问题的假设并加以验证，而后推导出正确的答案，就如同"单人麦肯锡"一样，完成工作。

让精神变得强大，面对任何事情都能独立自主地展开行动，那么无论身处何种环境，无论面对何种客户，你都可以完成工作。

人际关系并非工作的重心，以"取得什么样的成果"为轴心展开思考与行动，也发挥了重要作用。

如果因为现在的组织或成员发生变化，便丧失了获取成果的自信，那么在当今日新月异的时代，就只剩不安和惶恐了。

尽管如此，也绝不是让大家在眼下的工作环境中执意保持孤立。

为什么与组织相比，麦肯锡更加重视明确个人的任务、最大化地发挥个人的能力呢？这全是为了一个目的：向客户提供前所未有的、有影响力的价值。

麦肯锡的所有工作方式都与之相关。从创造前所未有的、有影响力的价值这一目的出发，考虑如何逐步实现这个目的。

在大家的工作环境或组织当中，我建议也可以遵循这种思考方式。

第6课
麦肯锡式创造成果的能力

即便无法喜欢他，也可以与之产生共鸣、实现共享

虽然为了对方着想，希望告知其某些事情，但对方实在难以相处，所以苦于不知如何开口。或者，因为自己实在无法喜欢对方或对方说的话，以致许多问题无法得到解决。

大家曾受到过彼此之间利害关系或人际关系的阻碍吗？

即便是麦肯锡，也是由人组成的集体，所以要说完全不会产生任何情绪问题，也是在撒谎。

麦肯锡也会出现"我和那位客户的负责人怎么也合不来"、"不喜欢团队里的那个人"等情况。

不过，即便存在诸如此类的情绪问题，他们也可以做到不让情绪影响工作的质量。

一位心理专家经常说，掌握各种信息的人，总会遇到一两件事情让自己不由自主地赞同，或者产生共鸣。

首先，清楚对方是什么类型的人。其次，有意识地关注对方的优点与长处也很重要。因此，试图发现对方10个以上的优点与长处，将产生显著的效果。或者，也可以将其称为寻找对方身上自己由衷敬重的特质。

令人不可思议的是，通过发现能与对方产生情感共鸣的部分，哪怕只有一小部分，也可以实现与之共享。

这样一来，在彼此合作的过程当中，等自己意识到的时候，工作也许已经出人意料地愉快地展开了。

如果大家现在正苦恼于"不得不一起共事，但是因为情绪上的问题，进展并不顺利"，那么我建议大家暂且撇开对对方的情绪，尝试从多种角度重新考虑与对方相关的信息。

在领导询问之前汇报

"那件事情现在怎么样了？从那以后就没有收到你的汇报，我一直挺担心的。"

有时候也会受到上司类似的询问吧。

这时候，大家会不会回答："啊，对不起。那件事情还是没解决，我正想着从别的方向入手。"

类似的事情屡见不鲜，但是必须意识到，在这样若无其事的对话当中，含有影响项目价值大小的重要因素。

或许上司一直在背后协助那件事情的进展，或许从对话具体

第6课
麦肯锡式创造成果的能力

展开的时候开始,就一直在寻求帮助。

但是,由于没有呈交汇报,可能导致项目无法得到本来可以得到的支援。

反之亦然。如果正在不辞辛劳地做一件有可能拿出成果的工作,但因为没有汇报、联络、商讨,反而收到负面评价,这样就委实可惜了。

虽然在麦肯锡,组织内的行为不如个人行动重要,但涉及工作重心,也理应提前汇报、联络、商讨。

上司重视汇报、联络、商讨,是为了最终向客户提供最大价值,他们必须事先确认接下来的工作轴心是否存在偏差,以及是否存在客户担心的问题。

他们无须一一严密监视成员的工作情况。正因此,在上司询问进展如何之前自己主动汇报,对双方而言都十分重要。

不过,最近很多人都觉得自己不擅长与上司面对面地交流。理由在于不知道上司在想什么,总是无法和上司有效沟通。

我对有这样想法的人提出以下建议。

仔细观察上司的节奏,既有节奏舒缓的上司,也有节奏急促的上司。

如果对节奏舒缓的上司传递过于分散的信息，很可能会得到"再好好梳理一下"这样的回复。

相反，对于节奏急促的上司而言，他们可能会说："不用太完整，快点告诉我事情经过。"

区分对方属于哪一种类型之后，根据对方的节奏汇报、联络、商讨，便可以得到截然不同的评价。

如果是新进入公司一年或两年的人，更应当努力尝试"驾驭上司"。

自己的上司是什么类型的人？经常关注什么？收到什么样的汇报才会给予正面评价？与其抱怨上司，不如思考如何才能游刃有余地驾驭上司，这样做绝对百利而无一害。

原因在于，上述疑问与面对客户时"如何才能令对方愉快"的想法可谓异曲同工。

和我同一年加入麦肯锡的一位同事，曾经为了向日理万机的大前研一先生请教关于某件事情的看法，想出了这样一个办法。

当时，大前研一先生在东京办公。我的同事与大前先生的秘书积极沟通，委托对方将一个希望大前先生标记"○"或"×"的笔记本交给大前先生，以此请教对方的看法。

此法的关键在于，应当摸清大前先生的性格，笔记不要过长，应设计成瞬间即可做出判断的形式。

一般人也许在想到"大前先生肯定超级忙"的时候，就放弃了接下来的思考与行动。

然而，此时能否对疑问的核心深思熟虑，发觉问题在于努力使对方在日理万机的状态下也能给予判断，这一点至关重要。

可以说，这位同事正是得益于这样的思考，在不断的努力之后，获得了秘书与大前先生的信赖。

我曾在面对一件不得不向合作方解释的事情时，询问了对方秘书相关的行程安排，最后坐在对方出行用的轿车上问道："我能给您解释一件事情吗？"

无论任何事情，最重要的是明确目的与抓住疑问的核心。这样，便可以采取各种灵活的方法。

彰显自己存在感的方法

在团队中展开工作的时候，有人希望在其他成员面前彰显自己的存在感。因此，他们总认为自己必须通过引领团队，获得成员对自己存在感的认可。

可是，自己一味劲头十足地引导团队，并非发挥存在感的唯一方法，因为还有其他种类的存在感：只要他在这个团队中，成员就感到安心；或者如果他在的话，工作就会进展顺利。

自己完全不属于振臂一呼、应者云集的那一类人，但依然为大家所需要。这样的人拥有一个共同点，即保持本我，不强迫自己，同时出色地完成需要自己完成的工作。

比如，我曾经被指派参与某商品销售及物流战略项目。团队中有一位前辈，是物流专家，为人稳重。

他那种稳重的存在感使团队感到安心，有利于形成自由的议论环境。而且，他对物流相关的问题了如指掌，使分析工作顺利开展，对团队也做出了贡献。

他并非引导整个队伍的那类人，但存在感十足，也颇受经理信任。

在刚刚加入麦肯锡第一年的时候，我就曾被教导无论怎样，一定要保持开放的头脑。面对形形色色的人、林林总总的事，不抗拒，积极面对，集中精力完成分派给自己的工作，那么即便没有大肆宣传自己，大家也会逐渐注意到。

即便不宣扬自己的存在感,也可以得到大家的认同,吸取种种经验,这也是年轻人提高自己存在感的一种方法。明白这一点对我们大有裨益。

即便身处领导职位,也可以运用这种方法发挥领导力。

通过努力保持开放的思维,倾听团队成员的声音,而非煞费苦心地下达指令,竭力带领团队前进,将有助于赢取其他人的信赖,最终使他们产生"希望和这个人一起工作"的想法。

摆脱"应当论"的束缚

在商务人士,尤其是从事经营与管理的领导者当中,苦恼、困惑于自身领导力的人很多。

他们被"领导者应当如此"的"应当论"束缚,苦恼于自己无法做到。然而归根结底,这起因于企图脱离真实的自己。

如果上司要求领导者更好、更紧密地凝聚团队力量,那么他们将更加重视自己的团结力,有时甚至会视之为负担。不过在这种时候,不要勉强为之,组织一些可以让团队自然而然融为一体的小型活动,反而更有成效。

我认为与其说麦肯锡的经理自己引领团队,不如说他们巧妙地发挥了每个人的能力,使个人成果最大化。

管理项目过程,在中期汇报之前合理地分配课题与议题,明确每位成员的职责,与同伴一起汇总提案。

在上述过程中,个人的存在感也会得到同步提高。之所以如此,是因为基本上麦肯锡的项目成员人数并不多,如果无法令每一个人发挥出最高水平,就无法为客户创造合理的价值。

麦肯锡的毕业生仅凭3~5年的短暂经历,就能够胜任各种领域内的经营或管理工作,实际上也主要得益于重视前文提及的个人成果的组织形式。

谈到执掌经营管理大权,一般人都认为相当困难(当然,事实上也绝非易事),但是如果采用麦肯锡式的思考方式,便会发现经营困难这种说法,并无确凿的根据。

仔细考虑疑问的核心,即什么是经营中的领导力,可以发现经营包含三个要素:如何进行判断的判断力、如何联结相关人员的沟通力以及如何付诸实践的执行力。

尽管猛然从经营这个词语展开思考,会觉得困难重重,但如果像上面那样分解成具体的要素,便可以明白,实际上它与为提

第6课
麦肯锡式创造成果的能力

高自己的工作业绩、提高自己的存在价值而采取的行动有异曲同工之妙。

倘若进而认识到提高人的素质这个层面，就可以领会执掌经营管理权这条道路，不在别处，就在今天工作的延长线上。

不要一个人完成所有的工作

无论掌握了多么出色的技能、积累了多么丰富的经验，依然会经历困惑或苦恼。

甚至可以说，那些断言"绝对没有这种事"的人反而更令人担心。有可能他的周围已经出现了问题，只是他自己没有意识到。

前文提到了通过提高个人业绩来创造价值，但是在工作中遇到困惑或苦恼的时候，应当与周围的人商讨。即便在麦肯锡，这也是顺理成章的事情。之后，借助周围人的见解，使工作朝积极的方向发展。

对客户的委托困惑不解的时候，也应当直接向客户提出自己的疑问。如果不这样，只凭自己的一味努力，最后可能需要重新修改，不仅白费工夫，还会给客户带来不利影响。

最近，我和周围的人聊天时发现，对于咨询、请教自己不了解的事情感到很难为情的人似乎与日俱增。

当然，这并没有准确的数据，只是凭我的个人印象，但是我认为这种想法值得商榷。

在解决问题的时候，向人询问自己不知道的事情并不丢人，对自己不知道的疑问听之任之才更为可耻。

自己尽管清楚自己尚有不了解的事情，却弃之不顾，在面临上司或客户的询问时，只能回答我不知道。这样不仅更加羞于启齿，而且对双方都不利。

世间万物错综复杂，且发展日新月异，所以存在自己不知道的事情是无可厚非的。

带着这种想法，抱着正因为不知道才兴趣盎然，"想要了解"、"请教给我"的态度，绝对可以出色地完成工作。

而且有的时候，暂时抛开自己的意见与看法，听取周围人的见解，可以激发自己的新想法。

即便面对似乎并不适合自己的情况，也可以试着暂时抛开自己的意见或看法，考虑或询问他人：这种状况可以为自己带来什么样的契机？我能够从这种场合中学到什么？这样也许会获得新

第6课
麦肯锡式创造成果的能力

的发现或进展。任何时候都保持积极应对的心态，真诚地向周围人请教，有助于最终创造更大的价值。

设计工作

麦肯锡的所有项目都是以团队形式展开的。

也就是说，如何与团队其他成员一起有效地管理项目，高质量地完成自己负责的部分，是成功的关键。

一旦被指派到某个项目中，在开始的时候，必须同上司确认自己的任务、应当负责的课题以及截止日期等问题。

在见面之前，将何时完成何事等计划整理在一张被称为"甘特图表"的项目管理表上，然后再与经理展开商议。甘特图表作用显著，因此我强烈建议大家使用。

在推动项目进展的时候，不可以在自己一无所知的情况下，就牵扯其他相关的人。

为了检验自己是否掌握项目所需的要素，可以运用一种"4P"思考框架。

如果清楚以下4个要素，并归纳在甘特图表上，便可以更好地规划自己的工作：purpose（初衷）、position（问题定位）、perspective（视角）以及 period（完成时间）。

假设对方希望自己设计某件商品的销售战略，首先将假说设定为"应该销售给哪些顾客"，并逐一列清为此需要采取的举措，在什么时间完成哪一项工作，以及最终取得成果的期限。然后，把工作项目与实施天数录入甘特图表，便于整体把握。

借助这 4 个要素，就可以事先做到不重不漏地把握项目的重点。

运用"原本模式"

在项目成员没有取得满意成果的时候，即便质问为什么没有做到，对方也无从答起，因为如果他们知道缘由的话，就不会有现在的结果了。

"你们原本关注了哪些方面？"，"你们原本准备怎么做？"，此时，以这样的问题展开话题更为有效。

我曾经与一位客户商讨什么样的组织体系更为合理，但总也无法得出好的结论。

第6课
麦肯锡式创造成果的能力

因此,我尝试提出以下疑问:"我们原本希望做什么?要不要再回顾一遍企业的工作流程?可以使该流程发挥最显著效果的组织是什么?"于是,客户指出团队组织方式的运营更为合理,商讨也得以继续展开。

通过思考原本如何,可以发散思维,继而从中发现遗漏之处,或激发全新的创意。

思维越发散,越易于展开零设想。

即便从原本推导出的内容出人意料,也没有关系。一开始不要判断正误,而应专注于向前推进。

经常有人因为计划未能顺利实施而心烦意乱,此时可以尝试提出质疑:"原本真心希望执行这个计划吗?"

计划未能顺利实施,有可能是因为隐藏着这样的心情:由于接到命令才做的或实际上并没有什么干劲。

人类是一种对于自己认为"确实需要"或"真正有价值"的事情,可以不假思索地顺利开展行动的动物。

在这个前提下,如果遭遇了接连失败,那么应该提出质疑:或许这不是自己真正想做的事情。

如果培养这种思考习惯,那么便可以致力于原本真心希望做且可以做的事情。

从其他角度而言，借助原本如何扩散思维，也有助于舍弃小我。在抛开小我的时候，会获得不期而至的创意，或者产生能够专注于独到创意的工作流程。我在麦肯锡经常遇到这样的事情。

因此，自己必须积极地提出质疑，采取行动。用自己的双手改造世界的锐气也必不可少。

设计会议

大家在即将参加会议的时候，是否会充分地设想：今天会议的主题是什么？希望明确什么问题？为此，我需要做什么准备？

一般情况下，大多数会议也许都只是约定时间，到时再商议各种问题。

不过，从创造价值的角度出发，每一次会议都应预先经过精心设计。

麦肯锡也严格地教导我们对待会议的看法，即一次会议便是一个目标。

任何会议的召开都是为了针对项目的某个目标。因此，如果

第6课
麦肯锡式创造成果的能力

在此期间召开的会议没有明确当时的目标或收到一些成效，那么将导致无法实现项目的最终目标。

那些认为因为是会议，所以无须关心成果或者成效的想法是错误的，应该认识到正是因为在开会时能够控制成果与成效，才可以实现项目目标，创造价值。

为什么要如此严肃地对待这个问题呢？

虽然不过是一次会议，却消耗了不容忽视的成本。倘若计算一下与会者的"时薪×所需时间×人数×场地费用"的话，得到的金额应当十分可观。

如果无法获得与会议成本相匹配的收益，我会觉得不可思议。

我认为只要大家改变对待会议的看法，就可以获得截然不同的成效。

零设想、做贡献的态度，营造了麦肯锡独特的会议氛围。

我在加入公司第二年的时候，就有过类似的体验。当时，我参与规划一个项目，在一次讨论可以在哪一个环节提升客户商品影响力的会议上，我对商品的特征发表了长篇大论，结果大家都保持沉默，没有一个人有所回应。

我记得，之后经理就开口道："那又怎样？商品特征是什么？再好好考虑考虑。"至此我才幡然醒悟。

请大家也牢记，一定要有意识地参与会议。

即便是会议，实际上也存在诸多种类，例如发布通知的会议，激发创意、深入观察的会议，培养合作意识、鼓舞士气的会议等。关键是一开始便设计好自己希望召开什么样的会议。

然后，确定会议的目标，那希望通过会议达到什么目的，比如有效地传达通知、借助创意加深洞察力等。明确会议主旨，并在会议开始时同与会者分享。至于如何设计有助于取得成果的会议，我认为也可以运用框架。

比如，在会议中意见发生分歧的时候，可以将议论视为"场"来把握。"场"由什么构成？可以将其分为内容与流程两个部分，区别对待。

这也是"3C"分析框架的变体。此时，将应该在会议上创造价值的对象"场"视为顾客（customer），将参加议论的与会者视为竞争对手（competitor），将自己视为公司（company）。

一般情况下，大家考虑的是如何向客户表明自己意见的优势，此时可以尝试考虑改变"customer"，即对象"场"。

第6课
麦肯锡式创造成果的能力

正如客户变化,想法也随之改变一样,在参加会议时,如果对象"场"发生变化,那么也许可以站在新的视角,发现超越分歧的价值。

在与会者坚持己见,以至视野变得狭窄的时候,提议换一个地方,比如到咖啡厅去聊聊,也是设计会议的一种方式。

正如FRISK薄荷糖的广告中提到的那样,创意诞生的场所并不仅限于会议室。

使用"我们",而非"我"

"对我而言,办公室里有绿色的话,工作进展会更顺利。"

"对我们而言,办公室里有绿色的话,工作进展会更顺利。"

尽管描述的是同一件事情,但是哪一种说法可以让听者感到与自己相关呢?

看似简单,但是我们在传达信息的时候,却并未过多关注这个细节。

毋庸多言,会议并不是总结个人观点的地方,而是为了引起大家的共鸣。

如此一来，与"我认为的重要课题"相比，"我们认为的重要课题"这一说法更易引起共鸣。

在会议上提出观点或质疑的时候，关键并不在于推行自己的主张，而是如何以自己的观点或质疑为契机，激发大家的想法或意见，以便创造更大的价值。

同时，所有的与会者也要履行承诺：希望和大家一同研究这个公共课题，取得成果。

麦肯锡教育我们，即便是细微的用词，也会对最终价值产生显著的影响。

在2012年11月举行的美国总统大选中，获得连任的巴拉克·奥巴马发表了就职演讲。这个演讲使得大选之后的美国人民再一次团结起来，因此常为人所津津乐道。

奥巴马总统的演讲《我们追求的未来》中提到了27次"我们"。

我们是一个美国大家庭。

我们将携手共进。

与之相对，"我"这个词只出现了9次。我想我们可以从中

第6课
麦肯锡式创造成果的能力

领会到，奥巴马总统希望通过演讲，表达他对"与大家融为一体"的高度重视。

或许听上去有些小题大做，但无论是在国家层面，还是在我们的工作层面，在引起更多人的共鸣、实现共享这一点上，道理都是一样的。

在讲话时，请大家务必有意识地使用"我们"，避免使用"我"。

提出有效的质疑

如何提出有效的质疑？该质疑能否逼近疑问的核心？麦肯锡十分重视对这类问题的认识。

这也是因为，在运用有助于解决各类问题的分析框架时，只有提出有效的质疑，才有可能得到恰当的答案。

反过来讲，如果缺乏有效的质疑，那么即便有一个分析框架，也无法发挥作用。

什么样的质疑才能推导出正确的答案？其实没有必要将这个问题想得太复杂。使用分析框架的话，便可以顺其自然地提出质疑。

比如，根据本书中数次提及的"3C"分析框架，也可以提出质疑。

假设对于"3C"分析框架中的顾客（customer）提出质疑：

- 贵公司对顾客的吸引力在哪里？
- 顾客对贵公司有何要求？
- 若您是顾客，希望贵公司为您做什么？

这样的质疑能够改善与客户之间的会议氛围。讨论进展缓慢的时候，逼近疑问核心的高质量的质疑有助于拓展视野。

我曾遇到过这样一件事。

找我咨询的一位女性苦恼于总是在相亲，可是一直碰不到合适的人。

那位女性大概30多岁，拥有自己的职业，从容自信，而且外表也独具魅力。可是，为什么相亲总不顺利呢？

我直觉感到，也许，她实际上并不那么渴望结婚，并对她提出了一个问题。

"如果你可以选择单身，你想做什么呢？"

第6课
麦肯锡式创造成果的能力

听到这个问题,她的脸上显露出一种豁然开朗的表情,然后开始给我讲她的各种计划。

她的声音与谈到相亲的时候截然不同。我也积极地给予回应。

事实上,她是受到周围人和父母意见的影响,才参加相亲活动,她本人并没有仔细考虑过结婚这件事情。

结果,她本来属于"无论何事都竭尽全力的类型",在相亲的过程中却陷入"不得不找到一个不错的人,暂且应付了事"的困境。

人一旦直面疑问的核心,或是自己真心期待、希望的事情,表情与声音都会发生改变。

如果向对方提出质疑之后,得不到任何回应,那或许是因为并没有触及真正的问题。

此时,应当改变质疑的角度,充分挖掘,以求更加接近问题的本质。

我在麦肯锡领悟到,通过一边提出高质量的问题,一边深刻地洞察,可以刺激大家的思维,提出高质量的意见,取得令人瞩目的成果。

麦肯锡中的每个人都集中精力于一件事：为客户创造价值。

这种态度也令人体会到某种纯粹性。

也许大家对于商业还有纯粹性感到不可思议。但是，始终如一地坚持完成眼前工作的纯粹性，绝非毫无意义。

就像电影《阿甘正传》中的主人公一样，面对任何难关毫不退缩，反而乐在其中，纯粹地突破、克服，这种生活方式必然带来成就。

我希望大家在学习麦肯锡的工作法时，也务必模仿这些看似不起眼的做法。

マッキンゼー流
入社1年目問題解決の教科書

第7课
麦肯锡式演示的技巧

演示所需的三要素

提起演示，大家一般都会联想到一边展示利用幻灯片等工具制作的资料，一边慷慨陈词的情形。

整个演示过程，一方拥有答案，而听取演示的一方只能没完没了地接受该答案多么正确的论断。

确实存在这样的演示。

不过，演示的本质在于，将最初看似一切已经圆满决定但又尚未完全确定，或者看似全然未定但实际已经做出决定的各部分有机结合在一起。演示并非由某一方独自完成，而是进行演示与听取演示的双方合作完成的。

实际上，麦肯锡的演示也具有上述特征，因为麦肯锡认为一成不变的解说并非演示。

促使听取演示的一方萌发思想的幼芽，感觉得到启发的演示才是好的演示。

也可以说是能产生共鸣与实现共享的演示。

那么，如何才能发表可以产生共鸣与实现共享的演示呢？首先，我希望大家明白，演示具备三个不可或缺的要素。

- 制作演示资料
- 演示资料可用于展示
- 实际进行演示

任何演示均必须具备这三个要素，否则将无法顺利进行。不过这之前还有一点十分重要：是否真的希望与对方产生共鸣，实现共享？

只希望传达自己想说的信息，称不上是演示。无论对方人数众多，还是只有一人，都是一样的。倘若在着手准备演示的三要素之前，能够清晰地自问自答，"我希望和对方共享什么，产生什么样的共鸣",那么再进行演示也就十拿九稳了。

不要一开始就使用幻灯片

在向其他人传达某些信息时,我并不推荐一开始便借助幻灯片等工具。

关键的工作是在此之前,自己先将事情的真相、原因及从中推导出的方案等串联为一个链条。

在自己消化完整个链条之后,再借助幻灯片等工具。这样一来,传达信息的准确率毫无疑问会得到提高。

听取演示的人也会真切地感受到"这个人确实抓住了关键点"。

在制作演示资料时,必须把握整体链条。

同时,必须明确疑问的核心,用一句话概括整个链条希望传达的内容。

比如商品战略的修正。一开始便需明确该战略是价格战略、营销战略,抑或整顿战略,修正核心是什么。

有时虽然会得到一些零散的成果,但依然无法准确把握疑问的核心。这与培育蔬菜瓜果没什么两样。找出最希望培育成功的果实，为了使养料运输到果实，不得不摘掉小的果实，否则无法获得丰收。

换言之，培育过程中最应重视的果实就是链条的核心。

然而有时，即便向对方直言不讳地指出，"这个才是最重要的"，对方仍然不明就里。因此，能够令对方明白为什么这个是最重要的才是关键所在。

假设建议客户将"卖水"作为拓展新事业的选择。

哎，这个不好办吧。因为，这可是水啊。世界上已经有许多种矿泉水了，连饮水机都可以送货上门了。在这样的情况下，为什么还应该卖水呢？又该如何卖水呢？

敢于挑战现有竞争对手的理由是什么？什么才是优质的水？是否具备价格优势？维持经营的关键要素是什么？竞争对手绝对无法模仿的成功的关键是什么？

如果链条中缺乏能够解决问题的关键要素，那就不值一提。

在提出方案之后，如果客户没有继续探讨的兴趣，就表明方案本身有问题。

关键在于整理链条时应当深入考虑究竟是否有必要开展该业务。

第7课
麦肯锡式演示的技巧

比如在链条中添加这样的战略：因为矿泉水市场的规模正在以一定的速度扩展，特别是在批量商品售价范围内并没有占绝对比重的商品，所以如果在同一价格范围内，销售功能性矿泉水，那么即便是新进厂家，也能够占据一定份额。

巧用金字塔结构

按照麦肯锡的做法，在系统地整理链条、制作演示资料的时候，资料的文字与表格也要接受内部专家的严格指导。即便是刚加入公司一年的新人，也不能敷衍了事。

本书第1课也曾提到展示演示资料的方法，麦肯锡拥有一个通用的规则：无论资料出自谁人之手，如果不能做到一目了然，反映出该资料希望表达的是什么，就绝对不能展现在客户面前。

麦肯锡有一种用来表示整体链条与演示资料的框架，即金字塔结构。

所谓金字塔结构，如字面所示，底层的支柱必须由不容置疑的事实组成，然后在上面堆积理由，顶层便是由事实与理由推导出的提案。

倘若金字塔结构中的事实之基过于薄弱，经不住推敲，那么可想而知，位于其上的理由与提案必然都摇摇欲坠。

金字塔结构不仅从内容上，还可以从形式上让人一目了然。

前文列举了"卖水"一例，在这里我想借助金字塔结构展现它的商业链条。通过整理链条，可以让对方从逻辑上理解为什么应当卖矿泉水。

加入矿泉水市场的整体链条

矿泉水市场的规模正在以一定的速度扩张，并没有占据绝对比重的商品，通过在同一价格范围内销售功能性矿泉水，即便是新进厂家，也可能占据一定份额。另外，利用该公司的销售渠道，可以获得与其他商品的协同效应。因此，该公司应当将加入矿泉水行业作为拓展新事业的选择。

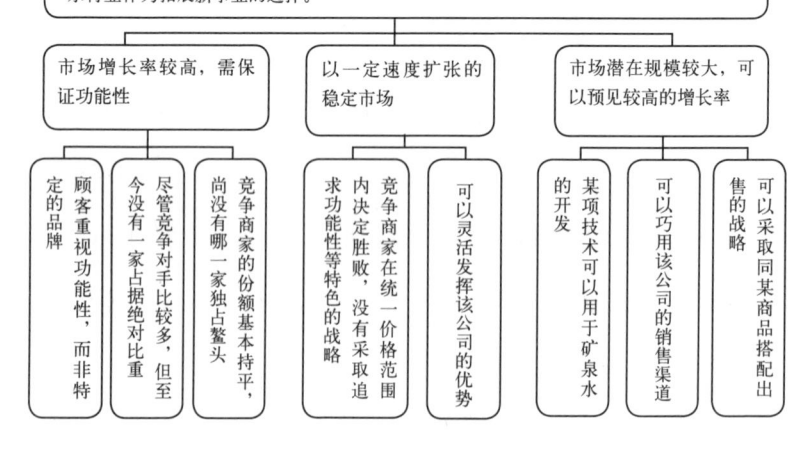

市场增长率较高，需保证功能性	以一定速度扩张的稳定市场	市场潜在规模较大，可以预见较高的增长率
顾客重视功能性，而非特定的品牌	竞争商家在统一价格范围内决定胜败，没有采取追求功能性等特色的战略	某项技术可以用于矿泉水的开发
今没有一家比较多，但尚没有一家独占鳌头		可以巧用该公司的销售渠道
尽管竞争对手比较多，但没有一家占据绝对比重	可以灵活发挥该公司的优势	可以采取同某商品搭配出售的战略
竞争商家的份额基本持平，尚没有哪一家独占鳌头		

金字塔结构的案例

第7课
麦肯锡式演示的技巧

有的人虽然重视演示的逻辑性,但自身难以真正做到,因而感到十分苦恼。

此类人容易陷入这样一种境地:过分追求演示的逻辑性,结果使演示变得更为复杂,令人不知所云。

无论是演示资料的解说部分,还是整体链条,首先尝试用一句话归纳希望传达什么内容。至多不超过100个字,应当将其控制在可以让人一目了然的篇幅内。

关键在于,剔除多余的说明或解释。因为总是对于能否准确地传达信息感到惴惴不安,所以不由自主地添加了许多说明或解释,我们应当坚决遏制这一倾向。

一旦开始考虑如何说明或解释,希望传达的内容将会发生偏离。

其实,对方尚不明确想怎么做的时候,即便抢先给出多余的说明或解释,也毫无意义。好的演示资料就应该尽量避免可能造成对方混乱的成分。

而且,具体的而非抽象的表达也十分重要。比如如果希望传达"制定新颖的战略是成功的关键"这一信息,与直接使用"新颖的战略"相比,具体且精练地概括新颖战略的内涵更为有效。

所谓新颖，是完全出乎意料的新客户群体，抑或新的销售方法，也包含各种各样的可能性。应该具体展示新颖之处，如若不然，将无法触动客户的心扉。

传达空·雨·伞的逻辑

将希望传达的内容概括为一句话之后，便可以展开链条。此时的关键在于按照"空·雨·伞"的逻辑整理链条。

假设，最希望传达的内容是"出门时，请记得带伞"。为了让对方认可这一表述，便需要展开逻辑性的论证。

那么，接下来需要阐述的就是理由，也就是为什么应当带伞。此处的逻辑便是因为天空突然变得灰暗，出现雨云，所以有必要带伞。

换言之，希望传达的链条是"天空出现雨云→因此下雨的可能性很大→应当携带雨伞"。

前文提到，最希望传达的内容中，不应含有多余的说明或解释，关键在于"确实做到让对方带伞出门"。但是，如果以"根据我长年观察天气的经验而言，一旦出现了这种颜色的云……"

第7课
麦肯锡式演示的技巧

这样多余的说明作为开端，对方在忙碌的情况下或许会予以否定。

尽管希望传达的信息本身对对方而言是有利的，但是由于会给对方增添负担，或让对方产生混乱，致使未能传递关键信息。大家不觉得这样实在令人惋惜吗？

在阐释理由的部分，高明的做法是避免添加任何不得要领的说明或不合逻辑的话语。

"每回我带伞出门，就是晴天，不带伞的时候，反而下雨了。"这样的理由在和朋友聊天的时候完全可用，但是并不具有严密的逻辑性。

借助对任何人都适用、有根有据的理由使逻辑得以成立是基本条件。使用"空·雨·伞"的框架，确实可以满足这个条件。在思考希望传达的链条时，请大家坚持有意识地借助"空·雨·伞"的框架来整理链条。

那么，为什么演示必须要合乎逻辑呢？原因之一就是为了便于客户理解认可。另外，也为了展示创意是否具有可行性，抑或只是一时的心血来潮？

如今世界上，各种产品与服务令人目不暇接，"这件东西比较稀缺，我想买"或者"如果把那件东西制造出来，我就买"的想法基本已经荡然无存。正因如此，单纯的心血来潮无法带来产品或服务的畅销。

然而，世上依然诞生了像iPhone手机一样，没有一个人委托制造，但任何一个人都渴望得到的产品。

因此，就像观察天空，预感会下雨，继而推测出需要带伞的过程一样，即便如今眼前没有用户，我们也需要拥有合乎逻辑的解读未来的能力。

让信息结晶

有的演示可以令客户眼前一亮。

如字面所示，这样的演示对希望传达的信息进行了反复锤炼。

相反，理应传达的信息模糊不清，本身又做不到扣人心弦的演示，便会使客户感觉沉闷。

信息模糊不清、演示黯然失色的原因在于，未能抓住疑问的核心，仅仅列举了各种各样的消息或分析，不能确定真正希望传

第7课
麦肯锡式演示的技巧

达的内容,也可以说是信息结晶前的不稳定状态。信息没有结晶,意味着未能经过深入思考,找到真正的疑问或本质。

如何才能变得善于深入思考?我认为,关键在于母语水平。

无论是哪一个国家的语言,平时使用母语进行脚踏实地的思考,对于逼近疑问的核心而言至关重要。如果仅仅记住新的工作法或框架,在使用的时候会感到不踏实。

要想熟练地运用麦肯锡式的问题解决技巧,良好的语言能力是不可回避的要求与前提。

基于此,我希望大家通过阅读经典名著,或者有意识地创造接触优美的母语的机会,增加常用词汇量。比如,朗读优美的母语书籍,也能收到显著的效果。信息经由视觉、听觉输入大脑,有助于我们深入思考。

除此之外,也希望大家随身携带电子词典,随时查阅平常漫不经心地使用的母语,或者忽然想起的词汇的含义等。如此,可以扩大常用语的词汇量,最终也有利于深入思考。

并不仅限于读书,还可以采取其他各种途径,深入展开思考。

本书也曾多次提到,日常生活中存在多种练习方法,可以实现深入思考,使希望传达的信息结晶。

一张图表，一条信息

曾经浏览过麦肯锡演示资料的人有多少呢？

本节引用的当然并非真实资料，只是一个样本（无论如何，必须严格保护客户的秘密），但是从风格上看，它与麦肯锡内部真实的演示资料相差无几。

看上去一目了然，短小精悍。

本质上就是"一张图表、一条信息"。

一条经过细致过滤、锁定关键的结晶后的信息，一张简明扼要、介绍相关问题的图表。

正因为信息简洁有力，才拥有打动客户的力量。

想说的要点太多，实在难以集中成一条信息。虽然经常看到这样的资料，但结果却是，哪一条信息都无法得到充分的表达。

请大家回忆一下。平常走在街上的时候，应当经常见到"公共布告栏"或"政府宣传栏"。

那么，大家能不能回想起来公布的那些消息或通知呢？很显然，大部分都未能进入人们的视线。

不过，人们也许本来就不太留意布告栏。至于能否记住电车

第7课
麦肯锡式演示的技巧

车厢内广告的内容，除非播放的是自己颇为关心的内容，否则视线也不会追随广告，努力使其烙印在自己的脑海中。

可是，一些广告也能使人牢记于心。比如，应该有很多人还记得松下的广告："你喜欢漂亮姐姐吗？"夏普的"所见之处皆是夏普"。正因为它们使希望传达给受众的信息结晶，抓住了希望传达的内容的精髓，所以才能够留在人们的心中。

不仅限于演示资料，我建议大家在希望向别人传达信息，或希望通过信息推动行动展开的时候，都牢记使用结晶后的信息。

如大家所知，制作演示资料的目的是促使对方采取某种有意义的行为。

听取演示的一方应该可以得到具体易懂的启示："具体采取什么样的行动才有助于解决问题？"

因此，若具体的行动计划中只有类似"进一步强化"、"促进"、"探讨"等字眼的话，是会被要求重做的。

比如需要落实强化信息收集行为的时候，如果没有深入思考应当根据什么样的计划、采取什么样的信息收集方法、从什么时候开始、采取什么样的态度等问题，无异于纸上谈兵，而且也不能凭此判断是否真的可以强化信息收集能力。

· 173 ·

结语

即便不知道作者的名字或创作年代，有些艺术品一眼望去也能使人感到"真好看啊"或"这是一流的真迹"，经过实际调查发现，确实价值连城。

当然，作品的价值并非仅由价格决定，但是识别真伪的眼光不仅在艺术的世界，在商业及人际关系等各种场合都是必不可少的。

在选择新项目、新成员或者决定投资的时候，人们都希望尽量选择今后价值只涨不跌的标的物，或者与自己拥有同一价值观的合作对象。

这时，本书再三介绍的以麦肯锡的分析框架为代表的思维利器将派上用场，但是除此之外，还有更重要的一点。

简言之，即慧眼识珠。

大家也许会感到惊讶：为了识别真物，需要使用思维利器吗？的确如此。分析框架等思维利器至多不过是为了提高工作质量而使用的工具，本身并不能够辨别价值，或直接创造价值。

确实是这样的。无论使用多么昂贵的工具，如果不能鉴别矿脉，挖掘再长时间也无法创造价值。

麦肯锡创造的分析框架等工具得到了众多商业人士的认可，作为曾经的麦肯锡人，我也感到十分荣幸，但是并非使用这些工具便能立刻创造价值。

如果没有认识到这一点，将使明珠蒙尘。

慧眼识珠至关重要，做到这一点，并非难如登天。

方法十分简单。尽量多地观察好的事物，触摸好的事物。以五感来接近饱经历史考验的真迹，逐渐培养善辨真伪的本领。

另外，反复锤炼甄别真物的五感。通过努力，在看到好的事物时感觉的灵敏度将大大增强。

据说，艺术品或宝石商人等专家为了培养鉴别真伪的能力，首先仅仅观察真迹，然后精心锤炼观察真迹时的感觉。这样一来，在看到赝品的时候，便会产生"哪里有些不对劲"的感觉。

我的祖父就是一位喜爱艺术品的人，我在小时候也曾跟随祖父见过许多作品，当时只是单纯地觉得"哇噻，好漂亮啊"。

我并未接受过美术理论的教育，但在单纯地接触许多真迹的过程中，逐渐培养了看到真迹的感觉，即不由自主地感知到好的事物共通的某些特质。

同时，坚持锤炼感知某物的五感。我们是通过五感来体验世界的。正因如此，如果五感变得敏锐，思维自然也将更加清晰。

从这层意义上讲，我加入麦肯锡之后，便不知不觉地亲近自然，练习前辈教给我的冥想与瑜伽，体验静心的感觉，锤炼了自己的五感。

实际上，这种鉴别能力，以及"突破这一点便会有所发现"的预感，才是我在麦肯锡获得的受益终生的财产。

我真实地感受到，正是因为有了这些能力，才能够充分发挥麦肯锡式解决问题的技巧。

如果本书能够帮助大家掌握麦肯锡式的问题解决技巧，主动发现有价值的对象，磨炼感觉，赢得更精彩的人生，那么我将不胜欣喜。

大岛祥誉

2013年3月